묘
신
계
록

묘신계록 제5권 (용·수중 요괴 도감)

인스타그램 Instagram @meoshinke | 유튜브 YouTube @meoshinke

해미

영귀

싱싱

신지께

수괴

용어

물괴왕

응룡

안보용

김용순

이독기

남대상

농당

오현

백능파

허미르

미용

수리

현룡

교인

신의

적룡

몽룡

쏘

어해등

물귀신 대장

경삼

사미르왕

용마

선묘

예어

영노

낭탁

외눈괴

신기루 조개

안개운

무두룡

역어

장수국 새우왕

업룡

호국대룡

가해신

차 례

서론

묘신계로 가기 전에 반드시 알아야 하는 사항들이 있습니다. 묘신계의 기본 정보부터 묘신계의 주민, 묘시니들을 이해하는 데 도움이 되는 자료들입니다. 이를 모른 채 혹은 무시하고 묘시니들을 만날 시 어떤 일이 벌어져도 책임질 수 없음을 알려드립니다.

용에 관하여

예부터 용은 동아시아에서 신비하고 강한 힘을 가진 존재로 상징됐습니다. 거대한 뱀 형상에 온몸이 비늘로 가득하고 네 개의 발을 가진 것이 보편적인 동양 용의 모습입니다. 하지만 용은 어디까지나 상상적 동물이기 때문에 민족에 따라 또는 시대에 따라 그 모습이나 기능이 조금씩 달리 파악되어왔고, 따라서 그 조각이나 묘사의 표현 역시 차이를 보여왔습니다.

묘신계에서 용은 차근차근 단계를 거쳐야만 될 수 있는 존재입니다. 뱀이 이지(理智)를 가지게 되고 수련을 시작하여 500년의 세월을 보내면 이무기가 됩니다. 그리고 그 상태로 다시 500년의 세월을 보내면 머리 위로 뿔이 서서히 자라나기 시작하며 용으로서의 모습을 갖추기 시작합니다. 보통은 기본적으로 가지고 있던 기질, 성격, 수련하면서 얻은 능력에 따라 그 모습이 달라집니다. 총 1000년이라는 시간을 무사히 보내면 이무기는 여의주를 얻어 용이 될 수 있습니다. 하지만 이 시간 동안 악한 마음을 먹거나 나쁜 짓을 행하게 되면 타락하여 강철이가 됩니다.

여의주

묘신계의 용은 외형이 조금씩 다를지라도 모두 뿔이 있고, 자신의 존재를 증명할 수 있는 여의주를 가지고 있습니다. 용에게 여의주는 신으로부터 오직 한 개만 받을 수 있는 것으로, 용이라는 존재를 증명하는 하나의 특권과 같은 것입니다.

여의주는 용 그 자체를 상징하는 것이기에 용의 능력과 가지고 있는 기질에 따라 그 모습은 천차만별입니다. 또한 용에게 문제가 생기면 여의주에도 그 상태가 그대로 드러납니다. 이처럼 용에게 있어 여의주는 매우 중요하기에 어디에, 어떻게 가졌는지는 아무도 모릅니다. 만약 용이 여의주를 잃어버렸다 해도 누군가 여의주를 사용한다면 그 위치를 바로 알 수 있습니다.

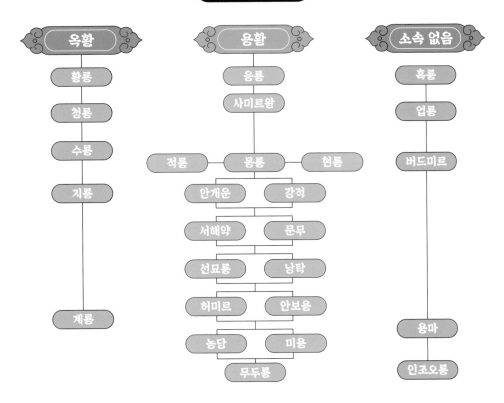

용 계급도

용 계급도

묘신계의 용들은 다양한 능력을 가지고 있습니다. 또한 용은 철저한 단계를 거쳐 될 수 있는 것이기에 인간이 모르는 그들만의 계급이 있습니다. 파워지수가 계급에 영향을 주긴 하나 이는 절대적인 기준이 되는 것은 아니며, 용이 되었다 해서 모두 신수로 분류되는 것도 아닙니다. 물건 혹은 추상적 가치를 수호하거나 세상을 이롭게 한다는 신수의 정의와 맞지 않는 경우, 용일지라도 요괴로 분류됩니다. 용들은 자신의 능력과 살아온 시간에 따라 힘을 다지기 때문에 파워지수가 낮아도 위에 위치할 수 있고, 파워지수가 높아도 아래에 위치할 수도 있습니다.

묘신계 (猫神界) 세계관

묘신계는 12지신에 들지 못한 13번째 동물 고양이 '묘신'이 다스리는 영혼의 영역입니다. 하늘과 땅과 바다가 있고, 해가 뜨고 달이 지는, 일반적으로 인간이 생각하는 정형화된 세계와는 다른 곳입니다. 시간과 공간의 개념 역시 중력의 법칙이 작용하는 인간 세상과는 다르게 적용됩니다. 이 곳에는 우리가 흔히 요괴, 귀신, 신수, 신령 등으로 부르는 특별하고 이상한 존재 묘시니들이 살고 있습니다.

초자연적인 존재, 묘시니들

자연의 이치에서 벗어난, 설명하기 어려운 불가사의한 존재들을 인간 세상에서는 흔히 귀신·요괴·신수·신령 등으로 분류하여 불러 왔습니다. 아주 먼 옛날 인간의 기록이 시작되기 전부터 살아온 이 기괴한 존재들은 인간의 시선과 관념으로는 이해하기 힘든 일을 벌이고 행동하는데, 이 책의 내용 또한 인간의 시점에서 그들의 이야기를 기록한 것이므로 실상은 다를 수도 있습니다.

분류

여느 생명체처럼 묘시니들도 종류에 따라 정의되고 분류됩니다. 우선 모든 묘시니들은 크게 3가지의 기준을 거쳐 나누어집니다.

> 근원 혹은 태생이 어떻게 되는가.
> 외형이 어떠한가.
> 해당 캐릭터의 특징이 무엇인가.

대분류에서는 캐릭터의 근원, 즉 태생을 기준으로 분류합니다. 각 존재의 본질에 따라 나뉘지며 본질만으로 판단이 어려운 경우에는 탄생할 때의 배경과 방법을 참고했습니다. 모든 묘시니들은 대분류에 따라 **물괴, 괴수, 괴인, 신수, 신령** 이렇게 다섯가지로 나뉘어집니다. 중분류에서는 외형의 생김새를 기준으로 분류합니다. 같은 괴수라 해도 일반적으로 우리가 아는 모습을 가진 일반형과 상식을 크게 벗어나는 형태를 가진 경우는 이형으로 구분하고, 같은 괴인이라도 일반적인 인간 형태의 일반형과 더 괴이한 모습을 한 이형으로 나누어집니다. 단, 신수와 신령은 그 특성상 외형보다는 역할과 특징에 따라 분류됩니다. 소분류에서는 개체가 가지고 있는 특징이 좀 더 구체적으로 나뉘어져 분류됩니다.

대부분의 캐릭터들은 원전에서 찾은 내용을 그대로 적용하여 분류하였으나 캐릭터 개발 과정에서 묘신계 세계관을 적용하면서 원전과 다른 외형과 특징을 가지게 된 몇몇 캐릭터는 묘신계 버전 속 모습과 특징을 기준으로 분류했습니다.

물괴

사물이나 자연물이 근원이 되는 괴물로, 인간 형태로 둔갑한 경우도 근원이 사물이면 모두 물괴로 분류합니다.

- **자연물형:** 자연계에 있는, 저절로 생긴 물체의 정령. 혹은 그 자체로 특별한 힘이 있는 경우.
- **사물형:** 오래된 물건이 사(邪)*가 된 경우. 혹은 신기한 물건.

물괴	자연물형	생물형	꽃, 나무 등 생명을 가지고 스스로 생활 현상을 유지하여 나가는 물체인 경우
		무생물형	세포로 이루어지지 않은 돌, 물, 흙 등 생물이 아닌 물건인 경우
	사물형	일체형	물건 자체가 괴력난신이 된 경우
		매개형	물건을 통해서 괴력난신이 소환 혹은 등장하는 경우

* 사(邪): 바르지 못함. 요사스러운 것.

괴수

동물이 근원이 되는 괴물로, 인간 형태로 둔갑하더라도 원래 모습이 동물이면 모두 괴수로 분류합니다.

- **일반형 :** 특수한 능력이 있는 동물. 일반적인 동물 모습을 가지고 있으나 어떤 연유로 인해 본질에 변화가 생긴 경우.
- **이형 :** 성질·모양·형식 따위가 일반적인 동물과 많이 다른 경우.

괴수	일반형	변이형	일반적인 모습에서 후천적으로 외형이 변한 경우
		요술형	인간으로 둔갑하는 것을 포함해서 다양한 모습으로 변신할 수 있거나, 술법을 사용할 수 있는 경우
		수귀형	동물이 죽어 귀신이 된 경우
	이형	돌연변이형	일반적으로 알려진 동물의 외형에서 찾아볼 수 없는 특이한 특징을 가진 경우
		혼합형	여러 동물의 모습이 합쳐져 있는 경우
		공상형	인간세상에서 존재하지 않는 형체나 특징을 가졌거나, 다른 형으로 정의내릴 수 없는 경우

* 이형은 요술을 사용할 수 있더라도 생김새에서 이미 요괴임을 알 수 있어서 따로 요술형을 나눌 필요가 없습니다. 하지만 일반형은 일반적인 짐승의 모습으로 요술을 사용하기에 요술이 그 요괴의 특징이 되므로 요술형을 따로 나눕니다.

괴인

근원과 태생이 인간이지만 외형과 성질이 평범한 인간의 범주에서 벗어나면 모두 괴인으로 분류합니다.

- **일반형** : 외형이 일반적인 인간의 요소를 갖추고 있는 경우. 즉 인간처럼 생겼으나 일반 인간이 아님.
- **이형** : 근원과 태생은 인간이지만 괴이한 모습을 가진 경우. 인간처럼 생기지 않았으나 근본이 인간임.

괴인	일반형	이종형	인간의 형태를 가지고 있지만 타고난 것이 다른 종족인 경우
		인귀형	사람이 죽어 귀신이 된 경우
	이형	돌연변이형	정상적인 인간의 유전 계통에 없던 새로운 형질이 나타나 탄생한 것으로, 일반적인 인간 개체에서 볼 수 없는 외형 혹은 특징을 가진 경우
		사고형	자의로 변한 것이 아닌 사고 혹은 저주 등에 의해 된 경우
		혼종형	근원은 인간이나 다른 종과 혼합된 경우

* 동물이 인간의 가죽을 뒤집어쓰고 인간 흉내를 내는 의태형 요괴는 포함되지 않으며, 이러한 경우는 근원을 따져 분류합니다.
* 인간이 수련을 통해 도술이나 둔갑술을 익힌 경우도 마찬가지로 괴인으로 포함하지 않습니다.
* 단순히 호칭에 '귀' 자가 들어간다고 하여 모든 존재가 귀신이 되는 것은 아니며, 그 근원을 따져 인귀형으로 분류했습니다.

신수

신수란 신령스럽고 신성한 짐승입니다. 즉 동물과 같은 외형을 가지고 있으면서 어떤 장소나 물건, 추상적인 가치 등을 수호하거나 세상을 이롭게 하는 존재일 경우 신수로 분류됩니다.

신수	수련형	금수가 오랜 수련을 거치거나 특수한 경험을 통해 영험한 존재가 된 경우
	환수형*	전설의 생물로 영험하게 태어난 경우

* 환수(幻獸): 신기하고 괴이한 짐승

신령

신기하고 영묘하며 초인간적, 혹은 초자연적 위력을 가지고 있을 경우 신령으로 분류합니다. 신수와 구분을 하자면 신수보다 인간의 형상에 가깝고, 존재감이 인간 사회에서 더 큽니다.

신령	수련형	인간이 오랜 수련을 거치거나 특수한 경험을 통해 영험한 존재가 된 경우
	신형	신으로 태어난 경우

속성

묘신계는 7개의 속성이 모여 이루어진 세계로, 이곳에 사는 묘시니들도 이들의 영향을 받습니다. 각 캐릭터들은 하나의 대표적인 속성을 가지고 있습니다. 각 캐릭터들에 관해 면밀한 조사를 거쳤고, 단순히 출몰 지역이나 모습에 따라 속성을 나누는 것이 아닌 각자가 가진 능력과 성향과 영향력에 중점을 두고 대표 속성을 분류했습니다.

모든 성질이 그러하듯이 속성도 다양성을 가집니다. 묘시니들을 단순히 악함과 선함만으로는 구분할 수 없으며, 같은 맥락에서 대표 속성만으로 모든 것을 정의할 수는 없으나 그들을 근본을 이해하는 데 속성은 매우 중요합니다.

속성은 음양오행의 성질에 따라 월(月), 화(火), 수(水), 목(木), 금(金), 토(土), 일(日), 총 7개로 나누어집니다.

묘신계의 7속성

月 달 월	달, 음기, 어둠, 저주, 현혹, 신비함, 지혜, 예언	
火 불 화	불, 열정, 사랑, 재앙, 화재, 발화, 변화, 가뭄, 용기, 번개	
水 물 수	물, 결빙, 해일, 정화, 치유, 유연함, 소생, 망각, 혼란(무질서)	
木 나무 목	흡수, 회복, 끈기, 풍요로움, 독, 완고함(고집), 집착, 불안(겁)	
金 쇠 금	쇠, 무기, 병, 탐욕, 재물, 강인함, 징벌, 지성(이성)	
土 흙 토	흙, 대지, 재생, 부패, 중화, 생명, 죽음	
日 해 일	태양, 양기, 빛, 정의, 행운, 질서, 권위(힘)	

인간과의 관계

묘시니들은 인간이 이해할 수 없는 능력과 행동으로 인간 세상에 크고 작은 영향을 끼칩니다. 인간을 좋아해서, 증오해서, 혹은 이유 없이 벌이는 다양한 행동들은 인간들에게 득이 될 수도, 실이 될 수도 있습니다. 인간에게 있어서 이러한 정보는 매우 중요합니다. 아주 오래전부터 묘신계의 요괴, 귀신, 신수, 신령 등에 관심을 가지고 남겨놓은 누군가의 기록을 통해 묘시니들과 인간 사이의 이해관계를 도식화했습니다. 이는 어디까지나 철저히 인간의 시선에서 본 것을 토대로 만들어졌으며, 최대한 객관화하여 측정되었으나 실제 개별 요괴를 맞닥뜨렸을 때 벌어지는 상황과는 다를 수 있습니다.

-3	재해 수준의 위협이 되며, 수많은 인간에게 위협이 되는 존재
-2	신체적, 정신적으로 다수의 인간에게 직접적인 피해를 주는 존재
-1	장난, 공포감 조성, 물질적인 손실 등으로 소수의 인간에게 직간접적 피해를 주는 존재
0	인간에게 득도 실도 크게 영향을 끼치지 않는 존재
+1	사소한 집안일부터 악한 것이 접근하지 못하도록 막는 일까지 소수의 인간에게 간접적으로 도움을 주는 존재
+2	다수의 인간에게 직접적으로 도움을 주거나 이득이 되는 존재
+3	강한 능력과 힘을 가지고 있으며 수많은 인간에게 도움을 주는 존재
★	인간의 행동이나 태도에 따라 득실이 역전될 수 있으므로 주의해야 함
▲	인간에게 득이 될 수도, 실이 될 수도 있는 존재

출몰지역

묘시니들은 묘신계에만 머무르는 것이 아니라 인간 세상의 곳곳에 출몰합니다. 울산 개운포, 경주 남산, 전북 김제, 부산 기장, 백두산 등 정확한 지명이 있는 곳에 출몰하여 이것이 캐릭터의 이름과 함께 기록으로 남아 있는 경우도 아주 많습니다. 캐릭터들의 출몰지역은 옛 문헌에 나오는 기록 그대로를 표시했습니다. 다만, 한국 고전 소설 속에는 현재 한국의 지명이 아닌 고대 다른 나라의 지명이 캐릭터의 출몰지역으로 기록되어 있는 경우가 있습니다. 이런 경우에는 현대의 특정 나라를 지칭하지 않으며, 최대한 원전에 기록된 한글 발음 그대로 표기했습니다.

어두운 밤길, 산길, 골짜기 등 출몰지역이 포괄적인 개념으로 기록된 경우에는 특정 지역이나 지명이 아닌 산속, 주택가 등의 개념적인 구역으로 표기 했습니다.

크기와 몸무게

고전 기록 속에는 캐릭터의 크기가 구체적으로 나와 있지 않거나 과장된 부분이 많습니다. 윗입술이 하늘에 닿을 정도로 크다던지, 태산과 같은 크기의 몸집을 가지고 있다던지, 깃털 하나가 집을 부술 정도라던지 등 현실적으로는 말이 안 되는 부분이 꽤 있습니다. 이는 우리 선조들이 이야기를 더욱 재미있게 즐기기 위해 조금 과장되고, 말이 안 되더라도 이렇게 묘사했던 것으로 보입니다.

묘신계 세계관에서는 이러한 캐릭터 묘사를 최대한 해치지 않는 선에서 현실적인 요건들을 감안하여 구체적인 크기와 길이를 표기 했습니다.

이족 보행하는 동물형 혹은 인간형 캐릭터의 경우 두 다리를 딛고 선 자세에서 머리끝(정수리)부터 발 끝까지의 길이를 키로 표기했습니다. 참고로 키나 크기에는 캐릭터가 장착한 장식이나 모자 등은 포함되지 않습니다.

사족 보행하는 동물형 캐릭터와 뱀이나 용처럼 몸의 길이가 기다란 형태를 가진 캐릭터의 경우에는 꼬리까지 펼쳐진 몸길이를 수치로 표기했습니다. 이는 가장 보편적으로 생물학이나 자연도감 등에서 동물의 신체 크기를 재는 방법을 그대로 적용한 것입니다.

신체의 크기가 고정적이지 않고 상황에 따라 변화하는 캐릭터의 경우에는 기본형과 함께 변화했을 때의 수치를 병기하거나 물결표를 사용하여 열린 가능성을 나타냈습니다. 특히 신수와 신령 중에는 능력에 따라 마음대로 크기 변형이 가능한 개체들이 있는데 이들에게는 '*크기변형가능' 이라는 표시가 있습니다.

개체가 하나가 아닌 경우 여러 개체의 평균적인 크기로 표기했습니다.

각 캐릭터의 몸무게 역시 구체적인 수치로 되어있습니다. 그중 귀신, 즉 인귀형·수귀형에 해당하는 캐릭터의 몸무게는 특별합니다. 인간이 죽은 후 귀신이 되었을 때도 살아생전의 몸무게를 그대로 가지고 있을까요? 아닙니다. 묘신계의 귀신들은 거대하거나 작더라도 겉모습과 상관없이 몸무게가 모두 영혼의 무게의 평균치인 21g입니다. 간혹 섬을 등 위에 지고 있는 신수나 인간이 측정할 수 있는 범위를 넘어선, 혹은 측정에 실패한 경우에는 '가늠할 수 없음'으로 표기되어 있습니다.

나이

묘시니들에게 나이를 물어본다면 어떻게 대답을 할까요? 묘신계에는 자신의 나이를 정확하게 기억하는 캐릭터가 있는 반면, 물어볼 때마다 다른 나이를 이야기하는 요괴도 있고, 너무 오랜 세월을 살아왔기에 자신의 나이를 잊어버린 캐릭터도 있습니다. 이런 경우에는 나이를 '알 수 없음'으로 표시했습니다. 하나의 개체로 존재하지 않고, 종으로서 여러 개체가 있는 경우에는 '개체마다 다름'이라고 표기했습니다.

본문을 읽다 보면 나이가 구체적인 숫자로 기록되어 있으나 캐릭터의 설명에는 '천년 묵은', 혹은 '만년 묵은'이라고 되어 있는 경우가 있습니다. 여기서 몇 년을 묵었다는 건 실제로 살아온 시간을 표기한 것이 아닌 그만큼의 오랜 세월을 살아왔다는 것을 의미합니다.

덧붙이자면, 사실 이들에게는 중력의 법칙이 적용되지 않는데다가, 인간계와 시공간이 다르게 흘러가는 묘신계에 들어온 이후부터는 해가 바뀌어도 더 이상 나이를 먹지 않습니다. 나이는 한국의 정서를 담아 재미있는 상황을 만들어내는 묘신계만의 특별한 설정입니다.

시대

묘시니들에게는 각자의 시대가 있습니다. '시대'란 캐릭터들이 살았던 혹은 등장했던 시기를 기록한 것입니다. 어떤 캐릭터들은 그 시기가 확실하지만, 몇몇 캐릭터의 경우에는 자료를 조사할수록 어느 나라의 것이라고 칼로 자르듯이 정확하게 선을 나누기는 어려운 것들이 있었습니다. 특히 동아시아 문화권에서 공통으로 전해지는 사방신, 기린 등 신수나 신령에 관해서는 정확한 시대를 말하기 어려웠습니다. 이러한 경우에는 '알 수 없음'이라고 표기 했습니다.

힘 (파워지수)

묘신계에서 힘은 단순히 근력을 의미하지 않습니다. 파워지수란 지능·근력·주술·요술·자연 조절 다섯 가지의 능력을 모두 합한 수치로 캐릭터의 실력을 비교합니다. 예를 들어, 인간은 지능과 근력은 있으나 주술, 요술, 자연 조절 능력이 없으므로 평균적으로 13~14 정도의 파워지수를 가지고 있습니다.

　몸 크기를 변화할 수 있거나 인간을 잡아먹을 때 본모습을 드러내는 캐릭터 같은 경우엔 변형된 모습과 능력을 발휘할 때의 기준으로 파워지수가 측정됩니다.

　일반적으로 파워지수가 높은 캐릭터가 낮은 캐릭터보다 힘이 세고 능력이 뛰어난 것이 사실이나, 항상 파워지수가 높은 캐릭터가 낮은 캐릭터를 이길 수 있는 것은 아닙니다. 특정 능력이 뛰어날 경우, 서로의 속성이 상극인 경우, 또는 처해진 특별한 상황 등에 따라 다른 결과가 나올 수도 있습니다.

지 능

지혜와 재능을 통틀어 이르는 말로, 새로운 대상이나 상황에 부딪혀 그 의미를 이해하고 합리적인 적응 방법을 알아내는 지적 활동의 능력을 이야기 합니다.

근 력

근육의 힘, 또는 그 힘의 지속성을 이야기 합니다.

주 술

불행이나 재해를 막으려고 주문을 외거나 술법을 부리는 것. 또는 그러한 술법을 이야기 합니다. 저주, 치유 등 어떤 개체의 상태를 변하게 하는 힘을 주술이라고 지칭합니다.

요 술

초자연적인 능력으로 괴이한 일을 행하거나 그러한 술법을 이야기합니다. 예언, 변신술, 축지법 등 스스로에게 변화를 주는 힘을 요술이라고 지칭합니다.

자연조절

자연은 사람의 힘이 더해지지 않고 저절로 생겨난 산, 강, 바다, 식물, 동물 따위의 존재를 의미하며, 본성이나 본질을 이야기 하기도 합니다. 물,불,바람,땅 등 자연을 변하게 하거나 조절할 수 있으며 자신의 속성을 다룰 수 있는 특별한 힘을 이야기 합니다. 때때로 자연을 조절하는 능력 중 일부를 요술로 착각하기도 합니다.

이름

묘시니들에게는 각자의 이름이 있습니다. 이름이 그대로 인간 세상에 알려진 경우도 있지만, 진짜 이름이 아닌 인간들에게 발견되었을 당시의 모습과 행동으로 인해 다른 이름으로 불리게 된 경우도 있습니다. 예를 들어 달걀귀신은 얼굴이 달걀과 같다고 하여 인간들이 붙인 이름이지만, 묘신계 존재들 사이에서는 '다갈'이라고 불립니다. 마찬가지로 동자삼과 물귀신도 그러합니다. 동자삼 같은 경우에는 보이는 모습이 동자(아이)와 같다고 하여 '동자+(산)삼'을 합쳐 이름처럼 부르기 시작했지만, 묘신계에서 불리는 동자삼의 진짜 이름은 '진진'입니다. 물귀신은 물에 빠져 죽은 귀신들을 통틀어 일컫는 명칭일 뿐, 수많은 물귀신들에게는 각자의 이름이 있습니다. 이처럼 묘시니들은 인간 세상에 진짜 이름이 알려져 있지 않기에 불리는 명칭이 다양한 경우가 많습니다. 묘신계 캐릭터들을 제대로 알기 위해서는 진짜 이름을 아는 것도 중요한 부분입니다.

각자가 가진 능력과 사연이 다른 만큼 각 묘시니의 진짜 이야기를 본격적으로 듣기 위해 이제 본론으로 넘어갑시다.

묘시니 분류

귀신

요괴

신수

신령

속성별 분류

달 월 (月)

불 화 (火)

물 수 (水)

나무 목 (木)

쇠 금 (金)

흙 토 (土)

해 일 (日)

묘시니들

자연의 이치에서 벗어난, 설명하기 어려운 불가사의한 존재들을
인간 세상에서는 흔히 귀신·요괴·신수·신령 등으로 부릅니다.
그리고 이 기괴하고 초자연적인 존재들은 묘신계의 주민, 묘시
니로 살아가고 있습니다. 이제부터 만나게 될 묘시니들의 이야기
는 인간의 시점에서 기록된 것이므로 실상은 다를 수 있습니다.

가해신

이름	가해신	이해관계	-2
종	요괴	출몰지역	바닷가
분류	괴수-이형-공상형	키/크기	840cm
속성	쇠(金)	몸무게	620kg
특징	머리가 세 개 스스로를 해신이라 지칭	나이	3800살
		시대	알 수 없음

POWER | 파워지수

지능, 주술, 요술, 자연조절, 근력 — 49

조그마한 바다를 차지하고 거기서 스스로를 해신이라 칭하며 인간들에게 제물을 받는 요괴다. 인간들이 제물을 바치지 않으면 해신을 노하게 만든 벌이라며 민가를 공격하고 마구 어지럽힌다. 제물로는 젊은 여자를 제일 좋아하며, 바다에 처녀가 제물로 빠지면 바로 잡아먹는다. 실체는 머리가 세 개인 흉악한 요괴로, 얼핏 보면 용과 비슷하게 생겨서 인간들을 속이기 더욱 쉬웠다. 머리가 세 개인 만큼 한 번에 세 개의 머리를 모두 잘라야 죽일 수 있다. 백일홍이 피어난 계기가 이 요괴 때문이라는 소문이 있다.

백일홍 설화

옛날 한 바닷가 마을에서 물속 괴물에게 처녀를 제물로 바치고 있었다. 어느 날 한 처녀가 괴물에게 제물로 바쳐졌는데, 이때 한 영웅이 나타나서 자신이 처녀 대신 가서 괴물을 퇴치하겠다고 나섰다. 영웅은 처녀와 헤어지면서 자신이 성공하면 흰 깃발을 달고 돌아올 것이고, 실패하면 붉은 깃발을 달고 돌아올 것을 약속했다. 영웅이 괴물을 퇴치하러 떠난 지 100일이 되자, 영웅을 태운 배가 돌아왔는데 붉은 깃발을 달고 있었다. 처녀는 영웅이 죽은 줄 알고 자결하였다. 괴물과 싸울 때, 괴물의 피가 깃발을 붉게 물들인 바람에 영웅이 죽은 줄 오해한 것이다. 그 뒤 처녀의 무덤에서 붉은 꽃이 피어났는데, 100일 동안 영웅의 무사생환을 기도하던 처녀의 안타까운 넋이 꽃이 된 것이다. 이 꽃은 100일 동안 붉게 핀다고 하여 백일홍이라 불렸다.

경삼

이름	경삼	이해관계	0	POWER | 파워지수
종	요괴	출몰지역	경박호	
분류	괴수-이형-돌연변이형	키/크기	270cm	
속성	쇠(金)	몸무게	70kg	
특징	발해의 금거울을 지키고 있음	나이	1096살	
		시대	발해 멸망 이후	

POWER 파워지수: 지능, 주술, 요술, 자연조절, 근력 — 37

둘레가 30리나 되는 호수 경박호에 사는 괴물이다. 경박호 깊은 곳에서 발해왕이 잃어버린 금거울을 지키고 있다. 금거울에 접근만 하지 않는다면 이 괴물들이 먼저 공격할 일은 없다. 경삼은 한 마리가 아닌 총 3마리의 괴물로, 3마리가 한 마리처럼 모여 금거울을 지키고 있어 하나만 죽인다고 해서 금거울을 가져올 순 없다. 각 괴물의 머리를 모두 베어서 물 밖으로 가져와야만 괴물을 완전히 물리칠 수 있으며, 잘린 머리는 살아 움직이기 때문에 다치고 싶지 않으면 잘린 머리들이 공격하지 못하도록 조치를 해야한다.

계룡

이름	계룡	이해관계	+2	POWER | 파워지수
종	신수	출몰지역	사량리 알영 우물가	
분류	신수-환수형	키/크기	360cm *크기변형가능	
속성	해(日)	몸무게	92kg	
특징	닭의 머리를 한 용	나이	3075살	
		시대	신라 박혁거세	

POWER | 파워지수

지능 / 주술 / 요술 / 자연조절 / 근력 — 61

닭의 머리를 한 용으로, 하늘의 명을 받아 비범한 인물을 낳으러 인간 세상에 온다. 특이한 점은 옆구리로 낳는다는 것이다. 계룡이 낳은 아이는 용모가 매우 수려하고 아름다우나 입이 닭의 부리인 것이 특징이다. 이는 음력 8월에 옛 신라의 월성(月城) 근처의 강에서 목욕해야만 없어진다. 계룡은 옛날 박혁거세의 아내인 알영 부인*을 좌측 옆구리로 낳고 하늘로 올라간 적이 있다.

*알영 부인: 신라 박혁거세의 비.

교인

이름	교인	이해관계	+1
종	요괴	출몰지역	남해
분류	괴인-일반형-이종형	키/크기	평균 170cm
속성	나무(木)	몸무게	평균 50kg
특징	흘린 눈물은 진주가 됨	나이	개체마다 다름
		시대	진나라

POWER | 파워지수

26

지능 / 주술 / 요술 / 자연조절 / 근력

남해에 산다고 알려진 인어로 물에 살며, 비단을 잘 짜기로 유명하다. 교인이 짠 비단은 교초(鮫綃) 혹은 용사(龍紗)라고 하며, 이것으로 옷을 만들면 물속에 들어가도 옷이 젖지 않는다고 하여 그 가격이 대략 100여 금이다. 교인이 짠 비단을 사기 위해 인간은 물론이고 다양한 존재들이 교인을 찾아오곤 한다.

교인은 모습이 인간과 비슷하여 가끔 물에서 나와 인간의 집에서 생활한다. 교인이 흘린 눈물은 진주가 되며 비싼 값에 팔리기에 자신이 신세를 진 인간에게는 먹고 자게 해준 것에 대한 사례로 눈물로 만든 구슬을 그릇 한가득 주고 떠난다. 이렇게 여러모로 값어치 되는 것들을 만들 수 있어서 교인을 노리는 이들이 많기에, 교인은 모습을 잘 드러내지 않는다.

김용순

이름	김용순	이해관계	-1
종	요괴	출몰지역	태백산 아래 연못
분류	괴인-이형-사고형	키/크기	250cm
속성	불(火)	몸무게	108kg
특징	하체가 용의 형태	나이	43살
		시대	알 수 없음

POWER | 파워지수

지능 / 주술 / 요술 / 자연조절 / 근력

37

어느날 하체가 용으로 변하기 시작하더니 결국 물속으로 들어가 살게 된 인간이다. 원래는 삼형제를 키우는 홀어머니였는데, 어느날 갑자기 하체가 용으로 변하기 시작했다. 자식들이 그 어떤 약을 구해와도 변하는 하체를 막을 수 없었다. 그렇게 점점 병의 진행 속도가 빨라지던 때에 태백산 아래 연못에 가야 병이 고쳐진다는 사실을 깨닫고는 홀연히 그곳으로 자취를 감추었다. 그날 이후로 어머니는 모습을 보이지 않았다. 사실 하체가 용이 아닌 뱀으로 변하는 것이 아니냐는 소문도 항간에는 돌았었으나 진실은 아무도 모른다.

지금도 태백산 아래의 연못에는 인룡이 살고 있으며, 태백산 아래 연못에서 소리가 났을 때 나오는 인룡을 쳐다보면 돌이 된다는 소문이 있다.

남대상

이름	남대상	이해관계	▲
종	요괴	출몰지역	황해도 연백군 남대지
분류	괴수-일반형-변이형	키/크기	207cm
속성	물(水)	몸무게	88kg
특징	장날 물건 값을 정함	나이	972살
		시대	조선

POWER | 파워지수

지능, 주술, 요술, 자연조절, 근력 — 42

남대지(南大池)*라고 하는 큰 못에 사는 이무기 남대상이다. 장날*이면 도포를 입고 초립(草笠)*을 쓴 모습으로 변해서 시장에 나와 하나의 물건을 고르고 값을 정한다. 이렇게 남대상이 정한 물건값은 시장 내에서 통일된다. 즉 남대상이 지정한 물건의 값 그대로 하루 종일 거래되는 것이다. 남대상이 정해준 값이 득이 될 때도 있지만 실이 될 때도 있어, 시장 상인들은 장날에 비린내를 풍기는 초립둥이가 등장하면 긴장한다.

남대지는 겨울에 물이 얼더라도 하룻밤만 지나면 얼음이 모두 사라진다. 이는 남대상의 능력으로, 밤이 깊으면 남대지 근처에 사는 소의 영혼을 빼내어 밤새 얼음을 갈게 하고 해가 뜨기 전 다시 소의 영혼을 원래대로 돌려놓는다. 예의가 매우 바른 요괴라 얼음을 갈기 전날 소 주인의 꿈에 나타나 정중하게 부탁하고 소를 빌려 간다.

*남대지(南大池): 옛 황해도 연백군에 있는 조선시대 저수지.
*장날: 장이 서는 날. 보통 닷새 만에 서며 사흘 만에 서기도 한다.
*초립(草笠): 가는 풀(細草)이나 대오리(竹絲)를 엮어 만든 갓. 양반과 평민의 구별 없이 사용하였다.

낭탁

이름	낭탁	이해관계	-2
종	요괴	출몰지역	동정호
분류	괴수-일반형-변이형	키/크기	2300cm *크기변형가능
속성	쇠(金)	몸무게	610kg
특징	동정호를 침략한 용	나이	1654살
		시대	조선 중기

POWER | 파워지수

지능 / 주술 / 요술 / 자연조절 / 근력
65

동정호를 침략한 사악한 용이다. 동정호의 용왕을 쫓아내고 동정호를 막 차지한 후에는 근처 마을의 백성들에게 제물을 바치도록 요구했고, 만약 제때 제물을 바치지 않으면 밭이나 집을 훼손시켜 인간들이 자기 말을 듣도록 했다. 이를 정철*이 보경* 위에 경면주사(鏡面朱砂)*로 글을 써 연못을 비춰 낭탁이 솟구쳐 올라오게 한 뒤 화살을 쏴 물리쳤다. 하지만 사실 낭탁은 죽지 않았고, 그대로 몸을 숨겼다. 다행히도 동정호는 평화를 되찾았으나 아직도 낭탁은 동정호를 노리고 있다.

*정철: 조선 중기 때의 문신.
*보경(寶鏡): 보배롭고 귀중한 거울.
*경면주사(鏡面朱砂): 주홍색 또는 적갈색이 나는, 황화 수은을 주성분으로 하는 천연 광물의 결정체(結晶體). 한방에서 약으로 쓰기도 한다.

38

농당

이름	농당	이해관계	▲	POWER	파워지수
종	요괴	출몰지역	전쟁터, 옥수강	
분류	괴수-일반형-변이형	키/크기	900cm *크기변형가능	
속성	쇠(金)	몸무게	300kg	
특징	명예욕이 굉장한 용	나이	1750살	
		시대	명나라	

POWER | 파워지수
지능 / 주술 / 요술 / 자연조절 / 근력 — 58

작은 강의 용으로, 출세욕구가 어마어마하다. 인간 세상에서 관리를 뽑거나 장수를 뽑는다는 소식이 들리면 인간으로 둔갑하여 지원하러 간다. 아주 먼 옛날에도 장수를 모집한다는 왕의 말에 인간으로 둔갑하여 찾아가 발탁되어 전쟁까지 나간 적이 있다. 출세욕구가 큰 만큼 악한 일에 관해서도 망설임없이 지원하며, 자신의 이익을 위해 움직이기에 강한 자에게 약하고, 약한 자에게 강한 모습을 보인다. 작은 강의 용이지만, 풍운조화를 부릴 줄 알며, 둔갑술에도 매우 뛰어나기에 웬만한 무기로는 대적하기 힘들다. 이 용은 오직 벽력도*로만 상대할 수 있다.

*벽력도: 용의 술법을 막을 수 있는 검이다. 자세한 내용은 <한국 판타지 아이템 도감>에서 확인할 수 있다.

몽룡

Mongryong

이름	몽룡	이해관계	+2*	POWER | 파워지수
종	신수	출몰지역	꿈속	
분류	신수-수련형	키/크기	180cm *크기변형가능	
속성	쇠(金)	몸무게	49kg	
특징	꿈을 조종하는 하얀 용	나이	알 수 없음	
		시대	고려 말기	

파워지수 항목: 지능 / 주술 / 요술 / 자연조절 / 근력 — 72

하얀색의 비늘이 아름다운 용이다. 몸은 그리 크지 않으며, 서까래* 정도의 크기다. 몽룡이 나타나는 곳에는 안개가 드리우는 것이 특징이다. 몽룡은 인간의 꿈속에 나타나 도움을 청하며, 자신의 부탁을 들어줄 때까지 매일 밤 꿈에 나타난다. 꿈속을 지배하는 용으로 원하는 대로 대상의 꿈을 조종할 수 있다. 이를 이용해 좋은 꿈과 나쁜 꿈을 번갈아 꾸게 하며 끝에는 날짜와 시간까지 정해서 인간이 꼭 자신의 부탁을 들어주도록 압박한다. 압박한 만큼 자신을 도와준 후에는 그 인간의 자손까지 큰 경사가 있게 하여 주므로 인간에게는 나쁠 것이 없다. 실제로 옛날 몽룡이 이성계 할아버지의 꿈에 나타나 어떤 것을 부탁하였고, 그는 그 부탁을 들어줬다고 한다. 이후 몽룡은 이를 기억하고 있다가 이성계에게 경사를 주었다고 한다.

*서까래: 마룻대에서 도리 또는 보에 걸쳐 지른 나무.

42

무두룡

Moodooryong

이름	무두룡	이해관계	-1	POWER | 파워지수
종	귀신	출몰지역	궁 혹은 바다 위	
분류	괴수-일반형-수귀형	키/크기	2500cm	
속성	흙(土)	몸무게	21g	
특징	머리가 없는 용 귀신	나이	2904살	
		시대	당나라	

POWER | 파워지수
지능 / 주술 / 요술 / 자연조절 / 근력 — 41

원래는 한 바다의 용왕이었다. 어부들이 물고기의 씨를 말리도록 도와준 점쟁이를 벌하려고 잔머리를 굴리다 옥황상제의 명을 제대로 이행하지 않아 목이 잘리는 벌을 받았다. 이 벌을 피하고자 용이 되어 하늘로 날아가 자신의 사정을 이야기하며 애걸복걸하였으나, 옥황상제에게 제대로 전달되지 않아 용의 모습 그대로 목이 잘렸다. 그 뒤로 억울한 마음에 원귀가 되어 머리 없이 몸뚱이만 남은 모습으로 하늘 위를 유랑하게 되었다. 지금도 가끔 자신이 용왕이었던 시절을 못 잊어 궁궐이나 바다에 모습을 드러낸다.

물괴왕

이름	물괴왕	이해관계	-2
종	요괴	출몰지역	물 깊은 곳
분류	괴수-이형-공상형	키/크기	310cm
속성	달(月)	몸무게	140kg
특징	피에 특별한 힘이 있음	나이	1604살
		시대	알 수 없음

POWER | 파워지수

지능 / 주술 / 요술 / 자연조절 / 근력

44

물속 깊은 곳에 자신만의 궁전을 가진 흉악한 요괴로, 이곳에서 부하들과 잔치를 벌이고 노는 것을 좋아한다. 물괴왕은 신체 부위 중 꼬리가 가장 힘이 세서, 주로 꼬리를 이용해 대상에게 해를 입힌다. 꼬리의 힘을 이용해 물고기들을 닥치는 대로 죽여 떼죽음으로 만드는 등 악한 짓을 한다. 하지만 물괴왕을 함부로 죽일 수 없는데, 그 이유는 물괴왕의 남다른 피 때문이다. 물괴왕을 상처 입혔다고 해도 그의 검은색 피가 닿으면 몸이 변한다. 피가 닿는 순간 어떻게 변할지는 아무도 모르기 때문에 더 무섭다. 옛날 삼지창으로 물괴왕에게 상처를 냈던 한 남성은 몸이 구렁이로 변했다고 한다. 그때 입은 상처로 인해 물괴왕 역시 가슴 부근에 상처가 있으며 기침을 달고 산다.

물귀신 대장

Jaesu Lee

이름	이재수	이해관계	-1	POWER | 파워지수
종	귀신	출몰지역	압록강	
분류	괴인-일반형-인귀형	키/크기	185cm	
속성	물(水)	몸무게	21g	
특징	물귀신들을 다루는 대장 글 짓기 대결을 검	나이	500살	
		시대	조선	

POWER | 파워지수 — 지능, 주술, 요술, 자연조절, 근력 — 36

강에서 물귀신들을 다루며 인간의 목숨을 빼앗는 물귀신 대장이다. 질투에 눈이 멀어 스스로 강에 빠져 물귀신이 되었다. 원래는 과거 급제를 위해 글공부만 하던 인간이었는데, 친구와 함께 과거를 보러 가서 자신은 떨어지고 친구만 급제하자 자신의 글을 훔쳐보고 붙은 것이라는 망상에 사로잡혔다. 망상이 극에 달하여 복수를 결심했고, 벼슬을 얻은 친구가 사신으로 중국에 간다는 소문을 듣고, 가는 길을 막기 위해 스스로 강에 빠져 물귀신이 되었다. 빠질 때 물귀신의 대장이 되겠다고 맹세하며 죽었고, 그렇게 다른 물귀신들을 진두지휘할 수 있게 되었다.

강한 풍랑과 함께 등장하며, 칼을 들고 수면 위로 나타나 위협한다. 과거 급제에 실패한 것이 엄청난 콤플렉스라 글솜씨 대결을 걸고 하는데, 이때 물귀신 대장을 이기면 무사히 강을 건널 수 있다. 만약 물귀신 대장에게 진다면 물귀신들에게 목숨을 내어줘야 한다.

미용

이름	미용	이해관계	-1
종	요괴	출몰지역	강원도 삼척 바닷가
분류	괴수-일반형-변이형	키/크기	1200cm *크기변형가능
속성	쇠(金)	몸무게	740kg
특징	아름다운 것을 좋아함	나이	2831살
		시대	신라 중기

POWER | 파워지수

지능 / 주술 / 요술 / 자연조절 / 근력 — 58

강원도 삼척 근처의 바다에 나타나는 절세 미인을 잡아가는 용이다. 미인을 잡아가서는 해코지를 하는 것이 아닌 자신의 용궁에 데려가 맛 좋은 음식을 대접하고 편안하게 쉬도록 해준다. 여기서 미용이 잡아가는 미인이란 남녀를 구분하지 않으며, 그저 아름다운 얼굴을 가진 이들이면 누구든 가리지 않는다. 아름다운 것을 즐기며, 이를 탐닉하는 용이라고 할 수 있다. 미용에게 잡혀간 이들은 잘 대접받으며 미용이 그 얼굴에 질리면 다시 육지로 돌아올 수 있다. 잡혀간 인간이 좀 더 빨리 돌아오도록 할 수 있는 방법은 해가(海歌)*라는 노래를 부르는 것이다.

미용에게 대접받고 돌아온 이에게서는 인간세상에서는 맡아본 적 없는 향기가 나며 그 자태가 더 아름다워져 많은 요괴의 표적이 된다.

*해가(海歌):신라시대에 지어진 작자 미상의 가요. 『삼국유사』기이편(紀異篇) 수로부인조(水路夫人條)에 한역가(漢譯歌)가 노래의 내력과 함께 전한다.

50

백능파

이름	백능파	이해관계	▲	POWER | 파워지수
종	요괴	출몰지역	동정호, 백룡담	
분류	괴수-일반형-요술형	키/크기	180cm	지능 / 주술 / 요술 / 자연조절 / 근력
속성	물(水)	몸무게	63kg	45
특징	기분과 상태에 따라 물이 변함	나이	1400살	
		시대	당나라	

동정호 용왕의 막내딸로, 백룡담 깊은 곳으로 옮겨간다. 귀신 같은 소녀들을 시중으로 쓰고, 물고기 머리에 새우의 수염을 한 병사들로 하여금 백룡담 궁궐을 지키게 한다. 백능파는 얼굴과 자태가 매우 아름다운 모습이며, 특별한 능력들을 가지고 있다. 그중 하나가 물의 상태를 변화시키는 힘인데, 백능파의 기분과 마음에 따라 그녀가 머무는 곳의 물이 한없이 탁해지기도, 한없이 맑아지기도 한다. 물의 색뿐만 아니라 맛과 온도 또한 그렇게 변하며, 백능파의 기분이 안 좋을 때 이 물을 인간이 마시면 병에 걸리며, 물이 맑아졌을 때 마시면 병이 나을 수 있다.

백령도 호수 용왕

이름	서해약	이해관계	+2*	POWER | 파워지수
종	신령	출몰지역	백령도 호수	
분류	신령-수련형	키/크기	4100cm *크기변형가능	지능 69 주술 근력 자연조절 요술
속성	달(月)	몸무게	2.9t	
특징	노인의 모습 자손들이 여우에게 당한 적이 있음	나이	2660살	
		시대	신라 진성여왕	

백령도 호수의 용왕으로, 서해약(西海若)이다. 서해에 풍랑이 크게 일어나 배가 가지 못할 때, 백령도 호수에 제사를 지내면 나타나 도와준다. 직접 모습을 드러내기보다는 주로 꿈속에 노인의 모습으로 나타나 풍랑을 잠재울 방법을 알려주고 사라진다. 서해약은 작은 용 정도는 맘대로 부릴 수 있다. 승려로 둔갑한 여우 간선호*에게 자손들이 모두 당했었던 적이 있는데, 그때 자신을 도와준 이에게 용을 2마리 빌려주어 배를 수호하도록 하였으며, 자신의 딸까지 주었다는 이야기가 있다.

*간선호: 백령도의 용들을 공포에 빠트린 여우로, 자세한 내용은 <묘신계록 4: 여우 요괴 도감>에서 확인할 수 있다.

버드미르

이름	버드미르	이해관계	-2	POWER | 파워지수
종	요괴	출몰지역	기장산	
분류	괴수-일반형-변이형	키/크기	2900cm *크기변형가능	
속성	나무(木)	몸무게	14t	
특징	버드나무로 변신해 인간을 홀림	나이	2338살	
		시대	신라 문무왕	

POWER | 파워지수
지능 / 주술 / 요술 / 자연조절 / 근력
72

독을 가졌으며, 병으로 인간에게 스며드는 용이다. 모습을 드러내지 않은 채 하나의 병으로 특정 인간의 몸에 들어가 결국에는 죽인다. 이 독한 용을 쫓아낼 방법은 흰 빛깔의 팥 한 말과 검은 빛깔의 팥 한 말을 은그릇에 담아 주술을 부려 쫓아내는 것이다. 이는 아무나 할 수 없기에 사실상 일반적인 인간은 버드미르가 스며들어 걸린 병을 이기지 못하고 시름시름 앓다가 죽는 일이 대부분이다. 실제로 예전 신라 시대의 승려인 혜통(惠通)*만이 버드미르에 의해 병에 걸린 한 나라의 공주를 구한 적이 있다.

버드미르는 병으로 나타나는 것 외에도 인간들에게 마구 해를 끼치며, 궁지에 몰려 뜻대로 되지 않을 때는 한 그루의 아름다운 버드나무로 변신해 인간을 홀린 후 조종한다. 이렇게 버드나무로 변신한 버드미르에 홀린 인간은 나무에 지독한 애착을 느끼며 목숨이 위태로운 상황에서도 버드미르를 지킨다.

*혜통(惠通): 신라 문무왕 때의 승려.

사미르왕

이름	사미르	이해관계	+3*	POWER | 파워지수
종	신수	출몰지역	바다	
분류	신수-수련형	키/크기	20000cm*크기변형가능	
속성	물(水)	몸무게	가늠할 수 없음	
특징	등장할 때 모습이 한자 '龍'을 닮음	나이	알 수 없음	
		시대	알 수 없음	

POWER 파워지수 레이더 차트 항목: 지능, 주술, 요술, 자연조절, 근력 — 80

네 방위의 물을 모두 지키는 존재로, 일반적인 바다의 용보다 무려 4배는 강하며 그 힘과 권위가 상당하다고 한다. 인간들에게는 '사해귀왕'이라고 불리기도 한다. 사미르의 모습을 담은 부적을 만들어 배에 붙이면 그 배는 바다를 안전하게 항해할 수 있었다고 한다. 사미르는 나타날 때의 모습이 매우 특이한데, 이를 목격한 인간이 사미르의 모습을 보고, 한자 용룡(龍)자의 모습을 닮았다고 적은 기록이 있다. 아마 한자 그대로의 모습이라기보다는 나타날 때의 모습이 그렇게 보여 이러한 이야기가 생긴 듯하다.

석가미

Sukgami

이름	석가미	이해관계	-2
종	요괴	출몰지역	서쪽 바위섬
분류	괴수-일반형-변이형	키/크기	2000cm
속성	달(月)	몸무게	1.1t
특징	바위로 아름다운 조각을 만듦	나이	950살
		시대	고려

POWER | 파워지수

지능 / 주술 / 요술 / 자연조절 / 근력 — 47

서쪽 바위섬에 사는 하얀색의 커다란 이무기로, 세상에 나온 지 오래되어 둔갑술은 물론 다양한 조화를 부릴 줄 안다. 특이한 점은 인간과 짐승을 보면 그 힘이 더 강해져서 입으로 기운을 내뿜어 대상을 공중으로 들어 올린 뒤 잡아먹는다. 그래서 바다 위의 수많은 돌 사이에 일부러 아름다운 연꽃 모양의 바위를 만들어 인간이나 짐승이 그 위로 올라오게끔 만든 다음 잡아먹는다. 잡아먹히는 장면은 일반적인 인간에게는 보이지 않아서 갑자기 공중에서 사라지는 것처럼 보인다. 다른 모든 이무기들과 마찬가지로 석가미 또한 독을 무력화하는 석웅황*이 약점이다.

*석웅황: 붉은 갈색 빛깔의 돌. 조선시대에 장신구로 많이 사용되었으며, 염료로도 쓰임.

선묘룡 **Sunmyo**

이름	선묘	이해관계	+2*	POWER | 파워지수
종	신령	출몰지역	부석사	지능
분류	신령-수련형	키/크기	500cm	근력 64 주술
속성	불(火)	몸무게	182kg	
특징	돌을 다룰 수 있는 용	나이	1362살	자연조절 요술
		시대	신라 문무왕	

원래는 '선묘'라는 이름의 처녀로, 신라의 승려 의상대사*를 사랑한 여인이었다. 당나라에 온 의상대사를 병간호하면서 그를 사랑하게 되었고, 의상대사가 신라로 돌아가는 항해길이 무사하길 바라는 마음에, 바다에 뛰어들어 한 마리의 용이 되었다. 용이 된 후엔 의상대사가 탄 배가 신라에 무사히 도착할 때까지 지켜주었고, 그렇게 의상대사를 따라 신라로 들어왔다. 이후 의상대사가 부석사*를 창건할 때 절터를 지켜주기 위해 육지로 올라왔으며, 절터를 습격한 도둑들을 큰 돌을 이용해 쫓아냈다. 돌을 공중에 띄우거나 무기로 사용할 수 있는 등 돌을 다루는 능력이 매우 뛰어나다. 그래서 부석사 무량수전 밑에는 선묘룡이 사용했던 큰 돌이 묻혀있고, 부석사 뒤에는 선묘각이 모셔져 있다.

*의상대사: 신라시대의 승려로, 전국 곳곳에 많은 절을 지었다.
*부석사: 경상북도 영주시 부석면 북지리에 있는 절.

수괴

이름	수괴	이해관계	-3
종	요괴	출몰지역	아천강
분류	괴수-이형-돌연변이형	키/크기	350cm
속성	쇠(金)	몸무게	260kg
특징	인간이 되고 싶어함	나이	1460살
		시대	송나라

POWER | 파워지수

지능 주술 요술 자연조절 근력 40

그 크기는 집채만한데 말도 아니고, 거북이도 아닌 모습의 요괴다. 털이 뭉쳐있고 몸에서는 비린내가 나며, 눈은 금방울과 같다. 악독한 기운을 내뿜어 강물을 마시는 사람들을 죽이거나 병들게 만든다. 그렇다고 쉽게 모습을 드러내는 것도 아니라 불러낼 때 방법이 필요하다. 붉은 먹을 붓에 묻혀 쓴 글을 돌에 묶어 물속에 던져야 나타난다. 원래는 북해에 사는 요괴로 죄를 지어 아천강에 귀향을 오게 되었다. 사실은 현재의 모습에서 벗어나 인간이 되고 싶은 마음이 크며, 인간의 기운을 흡수하면 인간이 될 수 있다는 이야기를 듣고 강물로 인간들에게 해를 가하지만 인간을 죽이고 싶은 마음은 없는 모순적인 괴물이다.

수리

이름	수리	이해관계	▲	POWER | 파워지수
종	신령	출몰지역	제주도	
분류	신령-신형	키/크기	183cm *크기변형가능	
속성	물(水)	몸무게	55kg	
특징	제주도 서쪽 땅의 수맥을 다스림	나이	알 수 없음	
		시대	조선	

POWER 파워지수: 지능, 주술, 요술, 자연조절, 근력 — 44

행기물* 귀신이라고 불리지만 사실은 제주도의 수맥, 그 자체라 할 수 있는 물의 정령이 자 수신(水神)이다. 중국에 고종달이라는 사람이 땅의 맥을 끊는 술법이 뛰어났는데, 조 선의 수맥을 끊기 위해 수리를 잡으러 제주도에 왔다가 결국 수리를 못 찾았다는 이야 기가 있다. 수리는 물의 기운이 약해지거나 수맥을 끊으려는 자가 나타나면 젊은 여자 의 모습으로 나타나 도움을 청한 후 행기 안으로 들어가 버린다. 수리가 머무는 곳은 깨 끗하고 맑은 물이 많이 흐르기로 유명하다.

고종달 설화
중국의 진시황이 풍수사인 고종달이를 보내 제주 땅의 맥을 모두 끊게 하였다. 고종달이는 동쪽부터 차 근차근 맥을 끊기 시작하며 쓸 만한 샘물은 모두 말려 버렸다. 그렇게 서쪽으로 와서는 '꼬부랑 나무 아 래 행기물'을 찾고 있었다. 그 곳에서 한 농부가 밭을 갈고 있는데 한 여인이 급히 달려오더니, 행기에 물을 한 사발 떠다가 소의 길마 밑에 잠시만 숨겨 달라고 하는 것이었다. 잠시 후 고종달이가 개를 데리 고 그곳을 지나게 되었다. 고종달이는 지리서에 나와있는 "꼬부랑 나무 아래 행기물이 어디 있느냐?" 하고 농부에게 물었다. 농부가 그런 샘물 이름은 처음인지라 금시초문이라고 대답했다. 그런데 고종달 이가 데려온 개가 물냄새를 맡았는지 소가 있는 쪽으로 킁킁거리며 다가갔다. 농부는 사발에 떠놓은 물 은 까맣게 잊고, 몽둥이질로 개를 쫓아 버렸다. 고종달이는 샘을 찾지 못하자 지리서가 엉터리라며 찢어 버리고 가버렸다. 이렇게 해서 여인인 수신(水神)은 살아났다고 한다.

*행기물: 행기(놋그릇)에 담긴 물이라는 뜻.

신기루 조개

Gaessi

이름	개씨	이해관계	-1
종	요괴	출몰지역	바다
분류	괴수-일반형-요술형	키/크기	30cm
속성	달(月)	몸무게	1.7kg
특징	복잡하고 아름다운 누각을 신기루로 보여줌	나이	개체마다 다름
		시대	진나라

POWER | 파워지수

지능 / 주술 / 요술 / 자연조절 / 근력 — 37

신기루를 만들어내는 조개 종족이 있다. 대대로 바다 깊은 곳에 살면서 도술을 터득하여 이러한 환영을 만들어내는 것이다. 아무 때나 신기루를 만들어내지는 않으며 주로 봄과 여름에 기운을 토해내어 만든다. 이를 이용해 인간의 시야를 흐리게 만드는데, 옛사람들은 이무기가 이러한 일을 행한다고 오해하기도 했다.

이 조개는 그중 가장 뛰어난 신기루를 만들어내는 요괴로, 이름은 개씨다. 개씨가 만들어내는 허상은 하나의 누각(樓閣)*을 보여주는 것으로, 그 건축 구조가 매우 심오하고, 솜씨가 신비롭기에 인간은 이 구조를 파악하기 힘들다. 개씨가 만들어내는 허상은 정처 없이 떠다니는가 하면 금방 보였다가 사라지고 하기 때문에 어디에 있는지 지목할 수가 없고, 바라보면 분명히 있다가도 금방 없어져 버리기 때문에 그 거리를 정확히 잴 수가 없다. 이것을 인간들은 신루(蜃樓)*라고 하며, 보통 깊은 바다 한가운데서 발견할 수 있다.

*누각(樓閣): 사방을 바라볼 수 있도록 문과 벽이 없이 다락처럼 높이 지은 집.
*신루(蜃樓): 대기 속에서 빛의 굴절 현상에 의하여 공중이나 땅 위에 무엇이 있는 것처럼 보이는 현상.

신의

이름	신의	이해관계	+1	POWER | 파워지수
종	신령	출몰지역	남쪽 섬	
분류	신령-신형	키/크기	175cm	
속성	물(水)	몸무게	66kg	
특징	특이한 병만 고칠 수 있는 의사	나이	알 수 없음	
		시대	알 수 없음	

세상에 존재하는 특이한 병은 무엇이든 고칠 수 있는 의사다. 이렇게 뛰어난 의사임에도 불구하고 이 의사가 정확히 언제 어디서 나타날지는 잘 모른다. 병을 고치길 원하는 혹은 고쳐야만 하는 이유가 있는 인간 앞에만 모습을 드러내며, 남쪽 섬의 바다에서 홀연히 나타나 병을 고칠 방법만 알려주고 사라진 것이 가장 최근이다. 그래서 신의를 만나 방법을 들어도 자기가 꿈을 꾼 것이라고 착각하는 경우도 있다.

재미있는 점은 특이한 병만 잘 고친다는 것이다. 감기나 배탈 같은 병을 고치는 것보다, 생식기에서 불이 나온다든지, 몸에서 이상한 소리가 난다든지 등 정말 특이한 병을 고치는 걸 더 잘한다. 병을 고치는 법도 일반적인 의사들이 하는 것과는 다른 특이한 재료와 행동을 통해 하기 때문에 신의가 방법을 가르쳐줘도 불신하며 따라 하지 않고 무시하는 경우가 대부분이다.

신지께

이름	신지께	이해관계	+2
종	요괴	출몰지역	거문도 바닷가
분류	괴인-일반형-이종형	키/크기	230cm
속성	달(月)	몸무게	83kg
특징	풍랑과 폭풍우를 예측할 수 있음	나이	알 수 없음
		시대	알 수 없음

POWER | 파워지수

26

지능 / 주술 / 요술 / 자연조절 / 근력

거문도에 나타나는 인어다. 이름은 신지께로, 상체는 하얀 살결에 길고 검은 생머리를 한 여인의 모습이며, 하체는 물고기와 같다. 신지께는 특히 달빛 아래서의 모습이 매우 아름답기로 유명하다. 주로 달빛이 밝은 밤 혹은 새벽에 절벽 위나 해변가에서 모습을 드러낸다. 딱히 인간에게 해를 끼치는 건 아니지만 모습을 드러낸 날에 배가 출항하려고 하면 소리를 지르거나 돌멩이를 던져 훼방을 놓는데, 이때 신지께의 행동을 무시해서는 안 되고 반드시 집으로 돌아가야 한다. 신지께가 나타나 경고한 날은 반드시 풍랑이 일거나 폭풍우가 몰아치기 때문이다. 이 때문에 예로부터 거문도 사람들은 신지께가 날씨를 예측하고 바닷사람들을 수호해주는 고마운 해신처럼 여겼다고 한다.

싱싱

이름	싱싱	이해관계	+1
종	신수	출몰지역	바다
분류	신수-환수형	키/크기	20cm
속성	물(水)	몸무게	7kg
특징	바다의 악한 기운과 바람을 부릴 수 있음	나이	1222살
		시대	명나라

POWER | 파워지수

지능 / 주술 / 요술 / 자연조절 / 근력

37

바다의 바람과 악기(惡氣)*를 부릴 수 있다. 바다귀신으로 불리기는 하나 귀신이 아니며, 이는 누군가 싱싱의 모습을 보고 바다의 귀신으로 오인한 듯하다. 싱싱은 중요한 이들이 바다를 건널 때 무사히 건널 수 있도록 돕는 바다의 정령에 가깝다. 아주 특별한 경우에만 인간 세상의 바다로 나와 선택된 이들만 무사히 바다를 건널 수 있도록 돕는다. 누구의 명을 받고 바다로 나오는지는 알 수 없다. 그래서 싱싱이 바다로 나온다고 해서 모든 배의 항해길이 평안해지는 것이 아니며, 싱싱이 지키는 배의 항해길만 모진 바람과 악한 기운 없이 무사히 건널 수 있다.

*악기(惡氣): 악한 기운.

쏘

Saw

이름	쏘	이해관계	+1
종	요괴	출몰지역	강원도 영월 어라연
분류	괴수-이형-돌연변이형	키/크기	200cm
속성	쇠(金)	몸무게	160kg
특징	날카로운 등날과 지느러미	나이	알 수 없음
		시대	알 수 없음

POWER | 파워지수

지능, 주술, 요술, 자연조절, 근력 — 19

강원도 영월 어라연 일대에 사는 거대한 쏘가리다. 황색의 물고기로 어라연의 하천 속에 있는 큰 바위 근처에 살며, 날카로운 등날과 지느러미를 이용해 인간을 공격하는 큰 뱀들을 물리친다. 실제로 예전 영월 정(丁)씨 가문의 한 사람이 어라연 바위 위에서 혼자 낚시를 하고 있었는데, 커다란 뱀이 갑자기 다리를 감아 공격하였다. 그 순간 거대 쏘가리가 나타나 날카로운 등날로 뱀을 쳐서 물리치고 유유히 사라졌다. 이후 영월의 정씨 가문은 쏘가리를 먹지 않으며, 어라연 일대의 뱀들은 "황쏘가리!"라고 외치기만 해도 겁을 먹고 모습을 드러내지 않는다.

76

안개운

이름	안개운	이해관계	+2*	POWER | 파워지수
종	신수	출몰지역	동해 개운포	
분류	신수-수련형	키/크기	390cm*크기변형가능	지능
속성	물(水)	몸무게	280kg	근력 / 주술 / 70
특징	개운포를 다스림 아들이 일곱	나이	2160살	자연조절 / 요술
		시대	신라 헌강왕	

울산 근방의 바다를 다스리는 용이다. 나라의 높은 사람 혹은 관리가 이 바다를 건널 때 변화를 일으켜 좋은 일을 하도록 만든다. 여기서 말하는 변화란, 고요하던 바다를 구름과 안개가 끼고 길을 분간할 수 없을 정도로 깜깜하게 만들어 바다를 건널 수 없도록 만드는 것이다. 이렇게 변화를 준 뒤, 인간에게 좋은 일을 하겠다는 구체적인 약조를 받으면 구름과 안개를 걷어준다. 그래서 안개운이 나타나는 곳에는 '개운포'라는 이름이 붙었다. 보통은 절을 짓게 한다던지, 나라에 득이 되는 일을 하겠다는 약조를 받아내는데, 실제로 신라시대 때 헌강왕에게 절을 지어준다는 약조를 받아 망해사*가 생겼다. 이 절을 받은 후에 자신의 일곱 아들과 함께 모습을 드러내 춤을 추고 음악을 연주하면서 찬양해주었으며, 일곱 아들 중 하나를 헌강왕에게 보내 왕정을 보좌하게 하였으니 그가 바로 처용*이다.

*망해사(望海寺): 울산광역시 울주군 청량읍 율리에 있는 통일신라시대 절터. 신라 제49대 헌강왕이 창건하였으며, 신방사(新房寺)라고도 불렀다고 한다.
*처용: 처용랑이라고 불리는 신라 헌강왕 때의 관리. 《삼국유사(三國遺事)》 권2 처용랑 망해사에 그 이야기가 실려있으며, 한국 고유의 정형시인 향가 『처용가』로 유명하다.

안보용

이름	안보용	이해관계	+2*	POWER | 파워지수
종	신수	출몰지역	무룡산	
분류	신수-수련형	키/크기	1500cm*크기변형가능	
속성	해(日)	몸무게	1050kg	
특징	여의주를 통해 세상을 봄	나이	알 수 없음	
		시대	알 수 없음	

무룡산에 사는 용으로, 원래부터 눈이 안 보였다. 힘을 가진 용임에도 눈이 보이지 않아 다른 용들과 어울리지 못하였다. 다른 용이 모두 승천했을 때 눈이 보이지 않아 승천할 생각을 하지 못하였고, 이를 불쌍하게 여긴 옥황상제가 세상을 볼 수 있도록 여의주에 힘을 주었다. 여의주를 쥐고 있으면 여의주가 눈이 되어 세상을 볼 수 있다. 여의주를 통해 세상을 볼 수 있을 뿐만 아니라 속마음을 꿰뚫어 볼 수도 있기에 이를 이용해 잘못된 이들을 심판한다. 하지만 여의주를 쥐고 있지 않을 때는 이 모든 것을 못 하는 장님으로 돌아가기 때문에 여의주를 몹시 소중하게 생각하고 집착하는 경향이 있다.

어해등

이름	어해등	이해관계	▲
종	요괴	출몰지역	전쟁터, 북해
분류	괴수-일반형-요술형	키/크기	260cm
속성	흙(土)	몸무게	142kg
특징	육지를 바다로, 바다를 육지로 만들 수 있음	나이	10390살
		시대	명나라

POWER | 파워지수

지능 · 주술 · 요술 · 자연조절 · 근력 — 53

만년 묵은 용맹한 물고기 장수다. 호산웅의 부하이자 절친한 사이로, 호산웅 만큼 큰 몸집과 그에 대적할 만한 능력을 가지고 있다. 첫 번째는 넓은 들판을 가시밭으로 만들고, 바다를 육지로, 육지를 바다로 만들 수 있는 능력이다. 이 능력을 사용할 때는 허리를 숙이고 하는 것이 특징이다. 두 번째는 방어술이라 할 수 있는 철성을 만드는 능력이다. 철성을 만들어 단순히 공격을 막는 방어만 하는 것이 아닌 상대를 철성 안에 가두어 죽을 때까지 빠져나오지 못하도록 하는 것까지 가능하다. 이외에도 어해등은 다양한 재주를 가지고 있으며, 누워서도 50명의 장수를 능히 제압할 정도다.

업룡

이름	업룡	이해관계	-3
종	요괴	출몰지역	알 수 없음
분류	괴수-일반형-변이형	키/크기	370cm*크기변형가능
속성	달(月)	몸무게	220kg
특징	악한 기운 그 자체의 용	나이	알 수 없음
		시대	송나라

POWER | 파워지수

지능 / 주술 / 요술 / 자연조절 / 근력 — 78

업룡은 현무의 기운이 음산한 곳에 내려 악함이 깃들어 용이 된 것으로, 악한 기운과 함께 재앙과 변고를 끊임없이 일으키는 요괴다. 검은 기운을 항상 몰고 다니며, 그 기운 속에 숨어 자신의 본모습을 드러내지 않는다. 검은 기운 사이로 얼핏 보이는 모습은 용 같기도 하고 개 같기도 해서 업룡을 보고 용이라고 생각하지 못하는 경우도 있다. 업룡이 지나가는 곳에는 비린 냄새가 코를 찌르고 바닥에는 붉은 피가 떨어진다. 업룡을 마주친 이들은 그 모습에 놀라 병들어 죽고, 검은 기운에 직접적으로 닿은 이들은 인간에게서는 나올 수 없는 하얀 피부가 되어 기절한 후 병을 얻어 일어나지 못한다. 업룡은 웬만한 신은 두려워하지도 않고 상대도 되지 않으며, 업보를 쌓을 수록 점점 강해진다. 인조오룡을 전부 사용하여 대적해야만 겨우 중상을 입힐 수 있을 정도로 강한 존재다.

역어

이름	역어	이해관계	-2
종	요괴	출몰지역	바다
분류	괴인-일반형-이종형	키/크기	평균 160cm~210cm
속성	물(水)	몸무게	개체마다 다름
특징	인간을 애완동물처럼 키움	나이	개체마다 다름
		시대	개체마다 다름

POWER | 파워지수

지능
근력 · 주술
자연조절 · 요술

20

인간을 자신의 애완동물로 키우는 인어 종족이다. 역어는 꼬리가 매우 길며, 몸 길이가 5~6척*이나 된다. 멀리서 보면 그 모습이 메기와 유사하다. 가까이서 보면 껍질과 살이 옥처럼 희고, 비늘이 없으며, 비늘 대신 잔털이 보인다. 인간처럼 눈썹, 눈, 귀, 코, 입, 손톱을 모두 갖추고 있다. 특히 역어는 오색으로 자라나는 직모의 머리칼이 매우 아름답다. 소리는 아이와 같은 소리를 내며, 대나무를 매우 잘 오르는 것이 또다른 특징이다. 옛날 인간들에게 잡혀서 애완동물처럼 키워졌으나, 힘을 키워서 이를 역전시켰다. 역어는 바다 가까이에 사는 인간들을 잡아다가 못이나 늪에서 기르며, 인간을 하나의 애완동물처럼 여긴다. 역어에게 잡혀간 인간은 도망치거나 역어가 질려서 버리지 않는 이상 평생 역어의 밑에서 애완동물처럼 살아야한다.

*척: 옛 길이의 단위. 약 30.3cm에 해당한다.

영귀

이름	영귀	이해관계	+3*	POWER | 파워지수
종	신수	출몰지역	알 수 없음	
분류	신수-수련형	키/크기	52000cm	
속성	달(月)	몸무게	가늠할 수 없음	
특징	수신(水神)들의 사자 등 위에 봉래산	나이	알 수 없음	
		시대	알 수 없음	

POWER | 파워지수
지능 / 주술 / 요술 / 자연조절 / 근력
61

거북이가 천 년, 그 이상을 살면 강대하고 신비스러운 힘을 얻어 변하는데, 그중 가장 강한 것이 바로 영귀다. 영귀는 사령 중 하나로, 장수를 상징하는 성스러운 동물이다. 거북의 몸에 용의 머리를 하고 있으며, 입에서 상서로운 기운이 뿜어져 나온다. 미래의 길흉을 예지할 수 있다. 등껍질 위로는 산을 하나 짊어지고 있는데, 이 산은 불로불사가 된 특별한 존재들이 살고 있는 봉래산이라고 한다. 영귀는 단단한 껍질이나 등딱지 달린 동물들의 우두머리이자 수신(水神)들의 사자(使者)*이다.

*사자(使者): 명령이나 부탁을 받고 심부름하는 사람.

88

영노

이름	비비	이해관계	▲	POWER ┃ 파워지수
종	요괴	출몰지역	전국 각지	
분류	괴수-일반형-변이형	키/크기	600cm	
속성	해(日)	몸무게	480kg	
특징	양반을 잡아먹음	나이	630살	
		시대	조선	

지능
근력 41 주술
자연조절 요술

영노는 가산오광대와 고성오광대의 탈놀이에서 나오는 존재로 휘파람 소리를 낸다고
해서 '비비'라고도 불린다. 팔다리가 없는 것을 빼고는 머리에 뿔도 달리고 푸른 비늘을
지닌 용과 흡사한 모습으로, 이무기의 하나다.

무엇이든 다 먹을 수 있는 존재로, 실제로 인간이 먹는 음식은 물론이며, 쇠, 불, 나
무 등 입에만 들어가면 뭐든 먹을 수 있다. 하지만 그중 제일 좋아하는 건 역시 자신을
승천하게 만들어 줄 부패한 양반이다. 보통 이무기가 천 년 동안 수련하여 여의주를 얻
어 승천할 수 있다는 보편적인 조건과 다르게 영노는 부패한 양반을 100명 잡아 먹으면
승천할 수 있다.

예어

이름	예어	이해관계	+1	POWER | 파워지수
종	요괴	출몰지역	시냇가 혹은 바다	
분류	괴수-이형-돌연변이형	키/크기	20~200cm	
속성	불(火)	몸무게	개체마다 다름	
특징	기름이 매우 좋음 아이 우는 소리를 냄	나이	개체마다 다름	
		시대	개체마다 다름	

POWER 파워지수: 지능, 주술, 요술, 자연조절, 근력 / 18

강이나 시냇가에 사는 요괴다. 다리가 4개로, 앞모습은 원숭이랑 비슷하고 뒷모습은 개와 같다. 예어 중에서도 흔하지 않게 큰놈은 8~9척* 정도되며, 이를 '하(鰕)'라고 부른다. 어느 정도 크면 나무를 매우 잘 오르는 것이 특징이다. 예어는 아가미에서 빠드득 소리를 내는데 이것이 아이의 우는 소리와 비슷하다.

예어의 기름은 매우 좋다고 알려져 있다. 예어의 기름에 불을 붙이면 불이 잘 꺼지지도 않고 기름이 잘 줄어들지도 않아 진시황이 자신의 무덤에 사용하였다.

*척: 옛 길이의 단위. 약 30.3cm에 해당한다.

오현

O-hyun

이름	오현	이해관계	0
종	요괴	출몰지역	남해
분류	괴수-일반형-요술형	키/크기	190cm
속성	나무(木)	몸무게	77kg
특징	자아도취 왕자 백능파를 짝사랑 중	나이	1500살
		시대	당나라

POWER | 파워지수

지능 / 주술 / 요술 / 자연조절 / 근력

48

남해 용왕의 아들로 교만하고, 모두가 자신을 좋아한다고 생각하는 왕자님이다. 용왕의 아들답게 천만가지의 물고기를 자유자재로 다룰 수 있으며, 여러모로 다재다능한 편이다. 본인도 그걸 잘 알아서 자신감이 매우 넘친다. 놀랍게도 지금은 동정호 용왕의 막내딸 백능파를 짝사랑하는 중이다. 백능파도 자신을 좋아한다고 믿는다. 오현의 요즘 가장 큰 일과는 물고기들을 통해 백능파의 소식을 전해 들으며, 그녀의 모든 것을 궁금해하는 것이다.

외눈괴

이름	외눈괴	이해관계	-2	POWER	파워지수
종	요괴	출몰지역	바다, 외눈괴 나라	
분류	괴인-일반형-이종형	키/크기	평균 500cm	
속성	달(月)	몸무게	평균 410kg	
특징	인간의 사지를 찢어 먹음	나이	개체마다 다름	
		시대	개체마다 다름	

POWER | 파워지수
지능 / 주술 / 요술 / 자연조절 / 근력
29

어부를 잡아먹는 요괴로 눈이 하나라 외눈괴라 불린다. 외눈괴는 한 종족으로 이들만의 나라가 인간들이 모르는 저 바다 너머에 있다. 길을 잃은 어부의 배를 자신의 나라로 오게 만드는 힘이 있어 원치 않아도 항해길이 외눈괴의 나라로 이어지곤 한다. 인간을 잡아먹는데 방해하는 존재가 있으면 그것이 무엇이든지 간에 손으로 무참히 사지를 찢어 죽인다. 그래도 순서를 중요시하는 요괴라 다른 요괴가 먼저 인간을 잡아먹으려 했다고 이야기하면 자신은 양보하고 다른 인간을 노리는 편이다. 외눈괴를 막는 유일한 방법은 특별한 주문을 외는 것으로, 무사히 육지에 도착할 때까지 쉴새없이 주문을 외워야만 외눈괴의 손아귀에서 벗어날 수 있다.

용마

이름	용마	이해관계	▲
종	요괴	출몰지역	백룡담
분류	괴수-일반형-변이형	키/크기	600cm
속성	흙(土)	몸무게	570kg
특징	원래는 하얀색 용 길들이기 힘듦	나이	1440살
		시대	명나라

POWER | 파워지수

지능 / 주술 / 요술 / 자연조절 / 근력 — 53

백룡담에 사는 용마다. 원래는 몸길이가 수십 장*이나 되고, 붉은 주둥이에, 다섯 색깔로 이루어진 물고기 꼬리를 가진 한 마리의 하얀 용이었다. 맑은 날 아래에서도 거센 바람, 우레, 폭우를 거리낌 없이 일으켜 산을 무너뜨리고 나무가 뿌리째 뽑히도록 하였으며, 붉은 안개와 검은 구름이 평지에 퍼지도록 하여 수많은 인간에게 피해가 가도록 했다. 처음부터 악한 것은 아니었다. 인간들은 매월 초하루에 백룡에게 제사를 올렸는데, 만약 이를 거르면 비바람이 불고 우박이 내리는 정도밖에 하지 않았다. 하지만 어느 날 무언가가 잘못되어 악한 용이 되었으며, 인간을 잡아먹기까지 하였다. 이후 어떤 사건에 의해 한 마리의 용마가 되었다. 용마가 된 후에도 크기는 두어 장만 하며, 쇠 같은 발굽은 매우 단단하고, 모습은 매우 아름다워 온몸이 새하얀 눈처럼 빛난다. 뛸 때는 바람을 일으키며 공중에 뛰어오르기도 하고 물 위를 달리기도 한다. 비록 말의 모습으로 변했으나 비늘이 드문드문 박혀있고, 옥 같은 갈기는 풍성하여 용일 때의 모습이 남아있다. 아무나 용마를 탈 수는 없으며 비범한 자만이 이 말을 길들일 수 있다.

*장: 길이의 단위. 한 장은 한 자(尺)의 열 배로 약 3미터에 해당한다.

용어

이름	용어	이해관계	-1
종	요괴	출몰지역	바다
분류	괴수-이형-혼합형	키/크기	300cm
속성	물(水)	몸무게	290kg
특징	용을 닮은 물고기	나이	1160살
		시대	조선

POWER | 파워지수

지능 / 주술 / 요술 / 자연조절 / 근력 : 36

생긴 것은 용과 비슷한데, 수염이 많이 났으며, 뼈가 없고, 맛이 매우 좋기로 유명한 물고기다. 단, 이 맛을 인간은 느낄 수 없다. 인간이 용어를 먹었을 때는 맛이 없다고 느껴지며 입에서 쓴 맛이 나기 때문이다. 그래서 신성한 존재들만이 이 용어의 맛을 느끼며 즐긴다. 용왕의 아들이 가끔 이 용어로 변신하여 바다를 자유롭게 유영하곤 하는데, 용왕의 아들을 먹거나 건드릴 경우에는 원인조차 알 수 없는 병에 걸려 일어나지 못한다. 이러한 경우에는 특별한 약을 먹어야만 나을 수 있다.

이름	응룡	이해관계	0	POWER | 파워지수
종	신수	출몰지역	알 수 없음	
분류	신수-수련형	키/크기	22000cm*크기변형가능	지능 근력 · 주술 84 자연조절 · 요술
속성	물(水)	몸무게	가늠할 수 없음	
특징	사령수 중 하나 커다란 날개	나이	알 수 없음	
		시대	알 수 없음	

날개가 달린 용으로, 사령수 중 하나이다. 기록에 따르면 이무기는 1000년이 지나야 용이 될 수 있고, 용은 또 500년이 지나야 신수가 될 수 있다. 응룡은 신수가 된 이후에도 오랜 수련생활을 거쳐 양팔에 매의 날개가 나게 되었고, 꼬리를 포함한 온몸이 아름다운 깃털로 덮히게 되었다. 응룡은 용 중에서 가장 높은 경지에 올랐다고 할 수 있으며, 특히 신성한 동물로 여긴다.

응룡은 멀리서 보면 그 모습이 용의 머리를 한 독수리나 매와 같아 보이기도 한다. 응룡은 크고 강한 날개로 한순간에 천상의 신들이 있는 곳으로 날아갈 수 있을 정도로 빠르다. 바람과 구름을 다루는 힘이 무척 강력하여 이를 자유자재로 다룰 수 있으며 폭풍우를 마음대로 일으킬 수 있다.

이독기

이름	이독기	이해관계	-3
종	요괴	출몰지역	백호령
분류	괴수-일반형-변이형	키/크기	1900cm
속성	나무(木)	몸무게	975kg
특징	맹독 그 자체인 요괴	나이	856살
		시대	명나라

POWER | 파워지수

지능 / 주술 / 요술 / 자연조절 / 근력 — 50

맹독 그 자체인 이무기다. 그 모습이 인간이 보기엔 길이가 약 1백여 자*에 몸 둘레가 두 아름*이나 하고, 눈은 횃불같이 번뜩이며, 입은 동해바다 같다고 한다. 아무 데서나 나타나는 것은 아니며, 백호령에서 바다와 이어지는 물길이 있는 곳에만 모습을 드러낸다. 이독기의 독은 매우 강하고 해독하기 어렵다고 알려져 있다. 독기가 얼마나 강한지 지나가기만 해도 평범한 인간은 눈이 붉어지고 온몸이 순식간에 퉁퉁 부어 의식을 잃는다. 옛날 산등성이들이 둘러싸인 곳에 이 요괴가 소름 돋을 만큼 차가운 기운과 함께 지나갔는데, 직접 모습을 드러내지 않았음에도 백여 명이나 중태에 빠뜨린 적이 있다.

*자: 손을 폈을 때의 엄지손가락 끝에서 가운데 손가락 끝까지의 길이. 현재의 한 자는 한 치의 열 배로 약 30.3cm에 해당하나, 시대에 따라 조금씩 달랐다.
*아름: 두 팔을 둥글게 모아 만든 둘레 안에 들 만한 분량을 세는 단위.

인조오룡

이름	파란	이해관계	+3
종	요괴	출몰지역	알 수 없음
분류	물괴-사물형-일체형	키/크기	50cm*크기변형가능
속성	나무(木)	몸무게	500g
특징	청룡의 힘을 빌려 나타남	나이	알 수 없음
		시대	송나라

이름	하얀	이해관계	+3
종	요괴	출몰지역	알 수 없음
분류	물괴-사물형-일체형	키/크기	50cm*크기변형가능
속성	쇠(金)	몸무게	500g
특징	백호의 힘을 빌려 나타남	나이	알 수 없음
		시대	송나라

이름	빨간	이해관계	+3
종	요괴	출몰지역	알 수 없음
분류	물괴-사물형-일체형	키/크기	50cm*크기변형가능
속성	불(火)	몸무게	500g
특징	주작의 힘을 빌려 나타남	나이	알 수 없음
		시대	송나라

이름	검은	이해관계	+3
종	요괴	출몰지역	알 수 없음
분류	물괴-사물형-일체형	키/크기	50cm*크기변형가능
속성	물(水)	몸무게	500g
특징	현무의 힘을 빌려 나타남	나이	알 수 없음
		시대	송나라

POWER | 파워지수
지능 / 주술 / 요술 / 자연조절 / 근력
40

이름	노란	이해관계	+3
종	요괴	출몰지역	알 수 없음
분류	물괴-사물형-일체형	키/크기	50cm*크기변형가능
속성	해(日)	몸무게	500g
특징	황룡의 힘을 빌려 나타남	나이	알 수 없음
		시대	송나라

POWER | 파워지수
지능 / 주술 / 요술 / 자연조절 / 근력
48

다섯 개의 용 조각으로, 사방신의 힘을 빌려 요괴를 물리칠 수 있는 힘을 가지고 있다. 용 조각은 동서남북, 각 방위와 중앙의 용으로 구성되어 있다. 평소에는 일반적인 용 조각상으로 보이지만, 악한 요괴가 나타났을 때 각 용의 방위에 맞게 사방신 깃발을 꽂고, 버드나무 가지에 각 방위에 해당하는 물을 묻혀 뿌리면서 해당 용을 부르면 조각상에 생명이 깃들면서 강한 능력을 가진다. 황룡 조각상은 황룡의 힘을, 청룡 조각상은 청룡의 힘을, 백룡 조각상은 백호의 힘을, 적룡 조각상은 주작의 힘을, 흑룡 조각상은 현무의 힘을 빌려와, 생명이 있는 용이 되어 싸우는 것이다. 옛날에 업룡이 인간들을 위협하고 공격하였을 때 이 5마리의 인조오룡이 나타나 업룡을 막았던 일화가 있다. 그 후로 인간들은 인조오룡을 신성한 존재로 여겨왔디.

장수국 새우왕

Sewoo Wang

이름	왕새우	이해관계	0	POWER | 파워지수
종	요괴	출몰지역	장수국	
분류	괴수-일반형-요술형	키/크기	140cm~?	
속성	해(日)	몸무게	28kg~?	
특징	새우 나라의 왕	나이	1300살	
		시대	신라	

지능 45 주술 요술 자연조절 근력

장수국이라고 불리는 새우 나라의 왕이다. 장수국은 인구가 많으며, 특이한 물품이 많이 생산되고, 집 모양과 복식이 인간 세상의 것과는 비슷한 듯하나 다른 특이한 곳이다. 인간은 함부로 이곳을 찾을 수도, 찾아갈 수도 없는 곳에 위치해있다. 장수국에 사는 존재들은 모두 인간과 비슷한 형상인데, 모두 수염이 긴 것이 특징이다. 이는 이들이 인간으로 둔갑한 새우이기 때문인데, 본모습은 붉은 색에 팔뚝만한 크기의 새우다. 장수국의 왕인 왕새우는 새우일 때의 크기가 매우 크다고 한다. 왕새우는 백성들을 아끼고 사랑하지만, 명으로 인해 어떤 용왕에게 매달 자신의 백성들을 먹이로 바친다.

적룡

Juk-yong

이름	주사왕	이해관계	▲	POWER | 파워지수
종	신령	출몰지역	충남 부여 백마강	
분류	신령-수련형	키/크기	5500cm*크기변형가능	
속성	불(火)	몸무게	1.3t	
특징	백제의 왕이었던 용 화가 굉장히 많음	나이	2046살	74
		시대	백제 의자왕	

지능 / 주술 / 요술 / 자연조절 / 근력

백제의 선대왕이었던 자로, 뱀이 되어 신성함으로 백성들을 돌보다가 도를 닦아 천년
만에 용이 되었다. 하지만 백제를 지키겠다는 욕심이 과한 나머지 용 중 가장 욕심이 많
다는 적룡이 되었다. 용이 된 이후에도 백제를 지키기 위해 백제의 궁궐 앞 강에 머물렀
다. 하지만 나당연합군이 백제를 침공하러 왔을 때 결국 백제가 망하게 될 운명을 막을
순 없었다. 백제가 망한 이후 현재는 강 아래 깊숙한 곳에 잠들어 있다.

  적룡을 본 인간들은 적룡에 대해 "길이는 대략 만여 장* 정도 되며, 눈은 해와 달 같
이 빛나고, 발은 뱀과 무지개가 얽혀있는 것 같고, 철 같은 수염은 위로 뻗쳐 있으며, 신
이한 비늘은 거꾸로 서 있고, 노기(怒氣)*가 눈에 보일 정도로 불길처럼 치솟아 있었
다."고 말한다. 적룡은 사나운 바람을 마음대로 조종할 수 있으며, 화살이나 총 따위는
바람으로 가볍게 날려버린다. 적룡이 나타날 때는 멀쩡하던 하늘에 번개가 번쩍이고,
온 세상이 순식간에 깜깜해지며, 강물에 화산이 나타나기도 하며, 온 물결이 뒤집히고
땅에서는 끝없는 진동이 느껴진다.

*장: 길이의 단위. 한 장은 한 자(尺)의 열 배로 약 3미터에 해당한다.
*노기(怒氣): 성난 얼굴빛. 또는 그런 기색이나 기세.

전당강 용왕

이름	강적	이해관계	▲	POWER | 파워지수
종	신수	출몰지역	전당강	
분류	신수-수련형	키/크기	4000cm*크기변형가능	
속성	해(日)	몸무게	950kg	
특징	화가 나면 몸이 커짐	나이	3080살	
		시대	송나라	

전당강을 다스리는 용왕으로 강 깊은 곳, 수정궁이라 불리는 궁궐에서 산다. 인간들이 수많은 배를 끌고 와 물 밑을 어둡게 만들거나 강을 더럽히면 벌을 준다. 화가 나면 몸이 약 만여 장*이나 되는 붉은 용이 되어서 바람과 구름, 천둥과 번개를 몰며 물결 사이로 솟아오른다. 큰 바람을 일으키며 솟아오르며 강의 물결을 통제하기에 배 수천 척 쯤을 뒤집고 위태롭게 하는 일은 우스운 정도다. 여의주를 물고 있는 입을 열고 소리를 지르면 산이 무너지고 바다가 헤쳐지는 듯한 소리가 난다. 단, 자신보다 강하거나 특별한 힘이 있는 존재 앞에서는 붉은 옷을 입은 한 명의 인간으로 변신해 예를 갖추며, 배가 무사히 지나갈 수 있도록 해준다.

*장: 길이의 단위. 한 장은 한 자(尺)의 열 배로 약 3미터에 해당한다.

피비

이름	피비	이해관계	-3
종	요괴	출몰지역	제주 구좌읍 김녕굴
분류	괴수-이형-돌연변이형	키/크기	1700cm
속성	쇠(金)	몸무게	800kg
특징	죽으면 피로 저주를 내림	나이	1052살
		시대	조선

POWER | 파워지수

지능 / 주술 / 요술 / 자연조절 / 근력

48

제주 구좌읍 김녕리 마을 동쪽의 큰 굴에 사는 거대한 뱀으로 인간을 잡아먹는다. 인간을 잡아먹지 못하면 민가로 내려와 농사한 작물을 망치고, 바다로 들어가 어선을 전복시키며, 물길을 어지럽혀 풍랑을 일으키는 등 여러 가지 재앙을 일으킨다. 그래서 옛날 인간들은 이 뱀이 사는 굴 앞에서 굿을 하며 처녀를 바침으로써 이러한 재앙을 피했다고 한다. 많은 인간이 붙어서 칼과 창으로 공격하면 이 거대한 뱀을 죽일 수는 있지만, 죽은 뱀의 피가 하늘로 올라가 비처럼 내려 자신을 죽인 이들에게 복수를 하기 때문에 뱀이 죽었다고 해서 안심할 수 없다.

해미

이름	해미	이해관계	0
종	요괴	출몰지역	바다
분류	괴인-일반형-이종형	키/크기	260cm
속성	물(水)	몸무게	87kg
특징	붉은 치마와 산발인 머리	나이	300살
		시대	고구려

POWER | 파워지수

지능 / 주술 / 요술 / 자연조절 / 근력 — 20

고구려 시대에 처음 발견된 인어다. 붉은 치마를 입고, 저고리는 입지 않은 채 양쪽 어깨를 드러내고 있다. 머리는 비녀를 잔뜩 꽂았는데 정리되지 않았으며, 거의 산발에 가까운 상태다. 팔꿈치 뒤로 붉은 지느러미가 나 있는 것이 특징이다.

특별한 상황이 아닌 이상 말을 하지 않아 목소리를 들어본 이가 아무도 없다고 알려져 있다. 그래서 목소리에 관해 많은 소문이 있다. 인간의 예법이나 행동에 관해 잘 알고 있으며, 인간과 사랑하는 것도 가능하다. 또한 대부분의 인어가 그렇듯이 물 밖에서는 기운이 떨어지고 힘을 못 쓴다.

허미르

이름	허미르	이해관계	+2
종	신수	출몰지역	부산 기장군 용천리
분류	신수-수련형	키/크기	2000cm *크기변형가능
속성	해(日)	몸무게	1t
특징	여의주를 잃어버림 여우를 매우 싫어함	나이	1020살
		시대	알 수 없음

POWER | 파워지수

지능 · 주술 · 요술 · 자연조절 · 근력

55

부산 기장의 용천리에 사는 황색 용이다. 하늘로 승천하기 위해 강에서 나가려던 때 용천강을 어지럽히기로 유명한 천년 묵은 여우 날라*가 "노란 구렁이"라고 조롱하였다. 용천리 근처의 민가를 돌아다니며 인간에게 해를 가하는 날라를 안좋게 생각하였던 차에 날라의 조롱은 허미르의 심기를 제대로 건드렸고, 허미르는 여우를 공격하여 용천리에서 쫓아낼 수 있었다. 하지만 싸우는 도중 허미르의 큰 꼬리가 마을을 폐허로 만들었고, 강이 범람하면서 여의주를 잃어버려 승천하지 못하였다. 그래서 지금도 여우라면 꼬리만 보여도 치를 떨며 공격한다. 인간에게 피해주는 것은 원치 않았고, 특히 용천리 근처의 인간들을 아끼기에 자신의 꼬리로 인해 범람한 강은 금방 복구시켜주었다. 여전히 자신이 잃어버린 여의주를 애타게 찾고 있으며, 승천하기만을 바라고 있다.

*날라: 용천강을 혼란에 빠트리고 인간을 괴롭히던 여우. 자세한 내용은 <묘신계록 4: 여우 요괴 도감>에서 확인할 수 있다.

현룡

Hyunryong

이름	현룡	이해관계	+3*	POWER ㅣ 파워지수
종	신수	출몰지역	알 수 없음	
분류	신수-수련형	키/크기	6000cm*크기변형가능	
속성	물(水)	몸무게	1.4t	
특징	비를 매우 잘 다룸	나이	알 수 없음	
		시대	알 수 없음	

파워지수 (레이더 차트): 지능, 주술, 요술, 자연조절, 근력 — 72

검은 용으로, 비를 누구보다 잘 다루는 용이다. 다른 용들도 물론 비를 내리거나 기후를 관장할 수 있지만 현룡만큼 비를 자유자재로 다룰 순 없다. 그래서 예부터 인간들이 현룡에게 기우제*를 많이 빌었다. 기우제를 빌면 현룡은 순식간에 나타나 비를 뿌려주고 사라진다. 현룡은 현무와 같은 물의 기운을 강하게 가지고 있기도 하여 절친으로 지낸다. 반대로 현무의 타락한 기운에서 생긴 업룡과는 상성이 매우 극과 극이며, 업룡이라는 존재 자체를 거의 멸시하는 편에 가깝다.

*기우제: 고려 · 조선 시대에 비가 오지 않을 때에 비 오기를 빌던 제사.

호국대룡

이름	문무	이해관계	+3*	POWER | 파워지수
종	신령	출몰지역	동해 대왕암	지능
분류	신령-수련형	키/크기	3200cm*크기변형가능	주술
속성	해(日)	몸무게	780kg	68
특징	신라의 왕이었던 용	나이	1341살	자연조절 요술
		시대	신라 문무왕 사후	근력

살아 생전 신라 제 30대 왕이었던 문무대왕으로, 죽은 뒤에도 나라를 지키겠다는 의지로 동해의 용이 되었다. 문무대왕의 장사를 지내고 뼈를 매장한 대왕암 근처에 주로 나타난다. 나라를 침략하는 세력이나 해적들을 벌하며, 직접 모습을 드러내진 않은 채 풍랑과 해일을 일으켜 배를 망가트려 벌을 준다. 생전에도 총명하고 지략이 많았던 현명한 왕이었던 만큼 살생을 즐기지 않으며, 동해 근처에서 평화롭게 어업을 하는 인간들에게는 편안한 항해를 할 수 있도록 도와준다.

흑룡

Hk-ryong

이름	흑룡	이해관계	-3	POWER | 파워지수
종	요괴	출몰지역	백두산	
분류	괴수-일반형-변이형	키/크기	15000cm*크기변형가능	지능 80 주술 요술 자연조절 근력
속성	불(火)	몸무게	4.5t	
특징	불과 어둠을 다루는 용	나이	알 수 없음	
		시대	알 수 없음	

백두산에 사는 흑룡으로, 다른 용들과 달리 불과 어둠을 다룬다. 불을 이용해 세상을 어둠에 휩싸이게 만들 수 있고, 불칼*이라는 도구를 사용하여 아무리 강한 존재라도 우습게 이길 힘을 가지고 있다. 그 힘이 얼마나 강한지 흑룡이 나타나면 하늘에 천둥이 울리고, 비가 오며, 우박이 쏟아지는 등 날씨가 변화무쌍해지고 천지가 흔들린다. 흑룡의 또 다른 강한 능력은 화산을 폭발시킬 수 있다는 것이다. 아무리 오랫동안 잠들어있던 휴화산*이라도 순식간에 활화산으로 만들어 세상을 재앙에 뒤덮이도록 만들 수 있다. 아주 먼 옛날 백두산에 나타나 산의 물줄기를 모조리 말려버려 그 어떤 생명도 살아남을 수 없는 땅으로 만들어 버린 적도 있으나 끝에는 실패하고 말았다. 하지만 아직 포기하지 않고 백두산의 물줄기를 말리기 위해 호시탐탐 기회를 엿보고 있다

*불칼: 백두산 흑룡이 사용하는 칼로, 자세한 내용은 <한국 판타지 아이템 도감>에서 확인할 수 있다.
*휴화산: 과거에는 분화하였으나 현재는 활동하지 않는 화산.

126

부록

지금부터 보실 내용은 기록으로 남지 않은 묘시니들의 진짜 이야기를 담은 것입니다. 현재 인계에 살고 있는 인간들은 들어 보지도 못한 알 수 없는 신비로운 세상에서 벌어지는 이야기입니다.

남해 용왕의
생일잔치

말미잘 장식
너무 예쁘다!

오~!
잘생긴 남자!

처음보는 여자애...
누구지?

아~ 오현

봐도 봐도 잘생겼어

(소근소근)

호산웅님이? 알았어

오현아 만나서 반가웠어 급한 일이 생겨서 먼저 가볼게

뭐? 갑자기? 나에게 반하지 않았어?

아냐, 밀당이 보통이 아닌 여자군. 내일쯤이면 메세지가 올거야

담에 또 봐!

다음날

니가 너무 좋아!
- 신지께

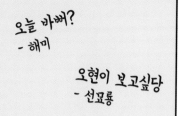

오늘 바뻐?
- 해미

오현이 보고싶당
- 선묘룡

다음!

내일 만날래?
- 역어

마지막 메세지?

뭐야? 이게 다야?
백능파한테 메세지
안 온것 같은데?

어 왜?

싱싱아

다음날

호산웅에 대해
아는거 다 말해주라

호산웅은 만 년 묵은
호랑이 장수로,
나이는 10400살이고,
인계에서는 전쟁터를
휘어잡기로 유명하다네?

백능파가 진심
나보다 저런 놈이 더
멋지다고 생각하는 건
아니겠지??

옷은 좀
멋지긴 하네...

얼마 후

오현이 또 왔슈!

오현아 안녕!

안녕. 백능파.
우리 오늘은
사냥이나 갈까?

어?!! 이 옷은...
호산웅님의..?

출처

묘신계록의 원전이 되는 이야기로, 한국의 고전 속에서 수집한 내용을 정리한 부분입니다. 정확한 기록으로 정리되어 있으며, 일부는 그 지역의 언어와 단어들이 사용되어 있음을 알려드립니다.

참고문헌 및 출처

캐릭터	문헌	출전	문헌 속 한 줄
가해신	[한국구비문학대계], [조선민간고사선], [한국의 민담]	[한국구비문학대계] 8-9, 368 / [조선민간고사선], 연변민간문예연구회 / 임동권, [한국의 민담], 서문문고	그 바다는 가면 대가리 두 나(두 낱)가진 큰, 밑에는 보면 용 겉고 우는 대가리 뿔이 나고 이런 두 날 되는 그런 참 숭악한 이런 짐승이 있는데, 그 배에 사람이 이래 타고 오던가 이래 그 배를 나룻배를 건 너야 되고 이렇는데, 그 배를 지집허 뒤집어 가지고 사람을 직이고 직이고 이래 마을로 참 이래 그거하는데.
경삼	[임석재전집 한국구전설화]	[임석재전집 한국구전설화] 4	금거울이 물속에 있긴 있던데 이상한 괴물이 세 개 그 거울을 지키고 있기 때문에 '괴물의 목을 떼야겠다' 하는 이런 생각으로서 삼척장검을 세 개 만들어 가주고서 들어가게 되어졌년데
계룡	[삼국유사]	일연, [삼국유사], 진한엠앤비	역시 이날 사량리에 있는 알영정 우물가에서다. 한 마리 계룡이 나타나더니 그 왼편 옆구리로 한 계집아이를 탄생시켰다.
교인	[자산어보]	정약전, [자산어보], 오래된 책방.	교인은 물고기처럼 물에서 살면서 비단 짜기를 그만두지 않았다. 눈에서는 눈물을 흘릴 수 있는데, 눈물을 흘리면 눈물은 구슬이 된다.
김용순	[한국구비문학대계]	[한국구비문학대계] 2-3, 271-272 / 2-3, 363-364	안동에 삼 형제가 친모를 모시고 살았는데 어머니가 하체만 용으로 된 병이 걸렸읍니다. 병이 고쳐지지 않고 갖은 약을 다 써도 병이 낫질 않아요.
남대상	[임석재전집 한국구전설화]	[임석재전집 한국구전설화] 3	우리 고을에 남대지라고 하는 큰 못이 있년데 이 못에는 이미기가 살고 있다고 합니다. 이 이미기는 장날이면 도포를 입고 초립을 쓴 초롭동이로 변해서 장에 나와서 물건 값을 정한다고 합니다.
낭탁	[삼강명행록]	[삼강명행록], 국립중앙도서관본.	부옥산 아래의 절강에서 살던 교룡이 어느날 갑자기 동정호 용왕이 지키고 있는 동정호에 침입한다. 동정호 용왕이 이를 징치하려 했으나 싸울 때마다 번번히 패배하고 말았다.
농당	[사각전]	[사각전(謝角傳)], 국립중앙도서관 디지털 열람	호수강에 교룡이 한 마리 살았는데 사람으로 둔갑이 가능할 뿐만이 아니라 재주가 무궁하였으나 쓸 곳이 없어 한탄하고 있었는데 마침 호왕이 명장을 구한다는 말을 듣고 즉시 호국의 왕을 찾아갔다
몽룡	[신화 속 상상동물 열전], [신증동국여지승람(新增東國與地勝覽)]	윤열수, [신화 속 상상동물 열전], 한국문화재보호재단	하루는 새벽 날이 밝으려는 때에 시녀 김씨가 보니, 태종이 자고 있는 침실 위에 백룡이 나타나, 머리를 태종이 있는 방향으로 향하고 있었다.

무두룡	[한국구비문학대계]	[한국구비문학대계] 1-9, 58-63 / 4-3, 155-158	우정승이 용궁에 가서 용왕의 목을 잘라버려 모가 지 없는 용이 몸뚱이만 훌훌 날아와 대궐 안이 떠들 썩하고 야단이 난 것이었다.
물괴왕	[남북이 함께 읽는 우리 옛이야기]	김종군, [남북이 함께 읽는 우리 옛이야기], 박이정	수로달이 괴물이 내뿜은 검은 핏속을 빠져나오려고 허우적거리는데 괴물의 검은 피가 몸에 묻는 순간 자기 몸이 달라진 듯 하였다. 물가에 기어오른 수로달은 그제야 괴물의 작간으로 자신의 몸이 구렁이로 변한 것을 알게 되었다.
물귀신 대장	[한국구비문학대계 DB]	[한국구비문학대계 DB], 신의 글귀로 살아 난 사람, 경북 상주군 화서면	저놈이 저렇게 올라 갈 제면(때면), 벼슬이 갈리면 저 벼슬이 반쯤 올라 가면 대국 사신을 가는데, 의주 압록강에 가서, 내가 죽어서 물귀신이, 대장이 되어 주 있다가 대국 건너갈 때 저 놈을 잡아 직이리라.
미용	[삼국유사]	일연, [삼국유사], 진한엠앤비	바다를 임해 있는 어느 정자에 다다라 점심을 먹고 있었다. 그때 홀연히 용이 나타나 수로부인을 납치해 바닷속으로 들어가 버렸다. 순정공은 허둥지둥 발을 구르며 야단을 쳤으나 아무런 계책이 나서지 않았다.
백능파	[구운몽]	김영석 역, [구운몽], 창과현	첩의 간절한 소원에 천지신명이 감동하셨던지 깊은 못의 물이 갑자기 변하여 차기가 얼음과 같고 어둡기가 지옥과 같아서 타국의 군사는 능히 쉽게 들어올 수 없었나이다.
백령도 호수 용왕	[삼국유사]	일연, [삼국유사], 진한엠앤비	그러자 노인은 못에서 나와 거지에게 감사하여 말했다. "그대의 언덕을 입어 나의 생명을 보전하게 되었다. 내 딸을 그대의 아내로 데려가 주게."
버드미르	[삼국유사]	일연, [삼국유사], 진한엠앤비	흑, 백 두 빛깔의 신병으로 하여근 연합하여 병마를 공격케 했다. 그러자 병마는 교룡으로 나타나 도망해 나가고 공주의 병은 드디어 쾌유되었다.
사미르왕	[신화 속 상상동물 열전]	윤열수, [신화 속 상상동물 열전], 한국문화재보호재단	증산교 계통의 <태을경> '사해귀왕장'에 나타난 동서남북 사해를 지키는 용왕의 일종으로, 용 글자체이면서 상상의 동물 형상이다.
석가미	[태원지]	임치균 역, [태원지 현대어본], 한국학중앙연구원	반수가 험한 바위 위를 올려다보니 높은 바위 끝에 조금 평평한 곳이 있었다. 반수는 부하 세 명을 불러 저곳에 올라가 사방을 살펴보라고 지시했다. 병사들은 칡넝쿨을 잡고 올라갔는데 그 순간 세 사람들이 공중으로 날아오르더니 푸른 하늘 속으로 사라졌다.

선묘룡	[한국구비문학대계], [신증동국여지승람(新增東國與地勝覽)], 민간전승	[한국구비문학대계] 7-10, 781-784 / 부석사와 선묘낭자의 위력, 경북 영주시 문수면 수도리 / 용이 되어 의상대사를 도운 선묘낭자, 경북 영주시 부석사 용암1리 / 용이 되어 의상을 지킨 선묘낭자, 경북 영주시 문수면 수도리	"그래 부석사에 와가주고 내재(나중에) 부석사 창건할 때 인제 선묘룡이 만날 공중에 이래 도다(돌다가) 보이께네. 거게 요새로 말하면 도독놈들이 여게, 도독놈들이 막 모예가주 그 우에 그 그 뭐여 굴을 맹 참 누(누구) 말마나 그 당(堂)을 맨들어가주, 거게 말이여 거게다 집을 저놓고, 거게 들앉아가주설랑, 의상조사 절터를 용서를 아 해조. 그래가주고 인제 선묘룡이 그 부석을 말이래. 큰 돍을 가주고 그 사람들 우에다 이래 빙-돈다 말에, "너가 말에 안 비키면 너를 말이래. 내가 너를 죽이겠다." 이라이께네. 그래가주고 인제, 그 사람들이 아무리 글타라도 큰 돌이 말이여, 머리 우에 떨어지이께네 겁이 나가 쫓게 갔부랬는데. 그래도 인제 부석은 그 뒤에 내려지고, 선묘룡으로는 석용(石龍)으로 변해가주고 그 저 그 저 무량수전 밑에 보면 큰 돍이 긴 게 묻혔네 왜?"
수괴	[범문정충절언행록]	[범문정충절언행록], 장서각본.	정체모를 한 짐승이 나오는데 소나 말, 거북이의 생김새는 아니었다. 털이 떨감을 묶어놓은 듯 뭉쳐 있었고 악독한 냄새가 코를 찔렀으며 눈은 금방 울 같았다.
수리	[한국구비문학대계]	[한국구비문학대계] 9-1, 85-88 / 9-2, 722-723 / 9-3, 179-192 / 9-3, 405-406	고종달이는 홍리지경(烘里地境)에 이르러 "꼬부랑 나무 아래 행기물"이라는 데를 찾아야 했다. 이때 어떤 농부가 밭을 갈고 있었는데 여인이 헐레벌떡 달려와서 살려 달라고 하였다. 사연인 즉 "저 물을 한 그릇만 떠다가 저기 있는 소길마(소질매) 밑에 놔 주십시오"하고 그 여인은 다시 사정하였다. 그 여인이 바로 수신(水神)이었다.
신기루조개	[한국구비문학대계 DB]	[한국고전종합DB], 계곡집	개씨(조개를 가리킴)는 대대로 바다 속에 살아 오면서 신선술(神仙術)을 터득하고는 갖가지 변화를 일으켜 환영(幻影)을 내보여 주곤 하였다.
신의	[한국구비문학대계]	[한국구비문학대계] 8-11	참 거기도(용궁) 산신령이 있던 모양이라. 한 노인이, 허언(허연) 백발 노인이, "여어 여어 가면은 저 황새피기(억새풀) 새가 확 우거져가 있더라. 그 넘을 한 짐 베 짊어지고 가서 불 나올 적에 막 부처라 부쳐. 부치머 마 된다 마." 이리 된 기라.
신지께	[삼산면지]	[삼산면지], 삼산면지편찬위원회	해상에 나타난 신지께는 반드시 배를 쫓아오고, 절벽 위에서는 바다로 나가는 사람들에게 돌멩이를 던져 훼방을 놓았다고 한다. 만약, 이를 무시하고 바다에 나갔다가는 반드시 큰바람을 만나거나 해를 입었다고 한다. 신지께가 나타난 이후에는 틀림없이 풍랑이 일거나 폭풍우가 몰아쳤던 것이다.
싱싱	[진성운전]	[진성운전], 국립중앙도서관 소장본.	바다 귀신은 동해 화선산선녀의 명을 받아 진공필이 돌아가는 길에 모진 바람과 악기를 만나지않고 순편하게 갈 수 있도록 하여 준다.

쏘	[임석재전집 한국 구전설화]	[임석재전집 한국구전설화] 4	그러고 있는데 큰 쏘가리가 지나가면서 등날로 뱀을 착 쳤단 말이요. 그러니까 뱀은 피가 낭자해서 뱀이 풀려서 이 사람은 살아났다는 거죠.
안개운	[삼국유사]	일연, [삼국유사], 진한엠앤비	"이것은 동해의 용이 부린 조화입니다. 뭔가 좋은 일을 베푸시어 풀어 주어야겠습니다."
안보용	[한국구비문학대계 DB]	[한국구비문학대계 DB], 무룡산(舞龍山)의 용과 선녀, 경상남도 울산시 북정동	그런데 불행하게도 용 일곱 마리 가운데는 장님이 하나 있었다고 그래요. 눈 먼 장님이 하나 있었는데, 칠선녀와 짝짝을 맞추다가 보니까 그 중에 장님은 누군가 짝이 되고 싶어하는 선녀가 없어요. 그래서 가장 마음 착한 선녀가 누구냐 하면 제일 맏이입니다.
어해등	[천정가연]	미상, [천정가연(天定佳緣)], 국립중앙도서관본.	호국의 장수가 모두 감탄을 금치 못하고 있을 때 또 한 장수가 나서서 자신이 그 금 주머니를 다시 떠서 돌아오겠다고 하니 이는 어해등으로 곰같은 허리에 범같은 머리를 가진 맹장으로 그의 정체는 북해 속에서 만년을 묵은 물고기였다 그는 자신의 몸을 날려 호산옹이 걸어둔 금주머니를 단숨에 다시 가지고 돌아왔다.
업룡	[영이록]	임치균 역, [영이록], 한국학중앙연구원	대개 하늘의 북방을 튼튼하게 지키는 현무는 신기한 뱀과 신령스러운 거북이를 부하로 두어 그 위엄을 높였습니다. 그런데 가끔 그 정령이 인간세상에 떨어졌다가 때를 만나면 변고를 일으키곤 합니다. 당나라 현종 시절에 이 기운이 음산의 태백 가운데 내려와 검은 용이 되었습니다.
역어	[자산어보]	정약전, [자산어보], 오래된 책방.	역어는 곧 바다의 인어다. 눈썹, 귀, 입, 코, 손, 손톱, 머리가 모두 갖춰졌고, 껍질과 살이 옥처럼 희며, 비늘이 없고, 잔털이 있다. 오색의 머리칼은 말총과 같고, 그 길이는 5~6척이며, 몸통도 길이가 5~6척이다. 바다 가까이에 사는 사람들이 잡아다가 못이나 늪에서 기른다. 암수가 성교하는 모습은 사람과 다름이 없다.
영귀	[예기]	[예기] 예운편	기린(麒麟)은 신의를 상징하고, 봉황(鳳凰)은 평안을 상징하고, 영귀(靈龜)는 길흉을 예지하고, 응룡(應龍)은 변환을 상징한다고 한다. 짧게 린(麟), 봉(鳳), 귀(龜), 용(龍)이라고도 한다.
영노	[수영야류], [동래야류], [통영오광대], [가산오광대], [고성오광대]	이두현, [한국의 가면극], 일지사.	영노는 경남 지역 가면극과 꼭두각시놀음에만 등장하며 다른 지역의 가면극에는 나타나지 않는다. 민담 등에서도 찾을 수 없어 단지 극 중 대사와 역할을 통하여 그 캐릭터를 짐작할 수 있다. 먼저 탈춤의 경우, 대사에 의하면 영노는 '무엇이든 잡아먹는, 하늘에 사는 상상의 동물'로서 극 중 역할은 주로 양반을 응징하는 양반의 상대역이다. 무엇이든 잡아먹는다는 점에서는 꼭두각시놀음의 영노도 유사하다.

예어	[자산어보]	정약전, [자산어보], 오래된 책방.	다리가 네 개다. 앞모습은 원숭이와 비슷하고 뒷모습은 개와 비슷하다. 소리는 어린아이 울음소리와 같다. 큰놈은 길이가 8~9척이다.
오현	[구운몽]	김영석 역, [구운몽], 창과현	남해태자가 대노하여 천만가지의 물고기들에게 영을 내리더라.
외눈괴	[영등본풀이]	[제주도 무가본풀이사전], 민속원.	영등대왕은 외눈박이들의 손에 무참하게 찢겨 죽었다. 그의 몸은 세 토막이 나서 바다에 던져졌는데 머리는 소섬에서, 팔과 다리는 한수리에서, 몸통은 성산 바닷가에서 떠올랐다.
용마	[보은기우록]	임치균 역, [보은기우록 현대어본], 한국학중앙연구원	본래 용이라 말채찍이 필요 없었고, 실 같은 꼬리털은 날리듯 가볍고, 쇠 같은 발굽은 단단하였으며, 비록 말의 모습이나 비늘이 드문드문 박혀있고, 옥 같은 갈기는 풍성하니, 문득 보면 한 마리의 용이었다.
용어	[삼한습유], [청구야담]	조혜란역, [삼한습유], 고려대학 교민족문화연구 / [청구야담] / 김현룡, [한국문헌설화] 7, 건국대학 교출판부	용어란 바다에 살며 모양은 용과 같으나 수염이 많이 났으며 뼈가 없으며 맛이 좋다고 한다.
응룡	[신화 속 상상동물 열전]	윤열수, [신화 속 상상동물 열전], 한국문화재보호재단	<술이기 용화>의 기록에 따르면 이무기는 천 년이 지나야 용이 될 수 있으며, 용은 또 오백 년이 있어야 각룡이 될 수 있고, 각룡은 천 년이 지나야 응룡이 될 수 있다.
이독기	[유씨삼대록]	김지영 역, [유씨삼대록], 소명출판	그 중에 뱀 한 마리가 있었는데 길이가 1백여 자에 몸 둘레가 두 아름이나 하고 눈은 횃불 같고 입은 동해 바다 같았다. 이는 곧 교룡(蛟龍)의 무리로 이곳이 바다에 가까워 수로로 오가곤 했던 것이다.
인조오룡	[영이록]	임치균 역, [영이록], 한국학중앙연구원	그것을 본 손기가 장 천사에게 풍운신과 뇌우신을 청하여 위엄을 돋우게 하고는 단에 올라 버들가지에 동해수를 묻혀 동쪽을 향하여 뿌리며 외쳤다. "나무의 정기를 받은 동방의 청룡은 급히 일어나 저 업룡을 맞아 싸워라." 말이 끝나자마자 단 위에 앉아 있던 청룡이 갑자기 발톱을 벌리고 공중에 뛰어올라 검은 업룡을 맞아 싸웠다. 그러자 검은 업룡이 일백 자나 되는 검고 큰 용으로 변하여 달려들었다.
장수국 새우왕	[유양잡조]	단성식, [유양잡조], 소명출판	선비를 데려가서 둘러보게 했는데, 집채만 한 쇠 가마솥 수십 개 안에 새우가 가득 들어 있는 것이 보였다. 그 중에서 붉은 색에 팔뚝만한 크기의 새우 5~6마리가 선비를 보고 팔짝팔짝 뛰었는데, 마치 구해달라고 하는 것과 같았다. 선비를 데려왔던 사람이 말했다. "이것이 바로 새우 왕입니다." 선비는 자기도 모르게 슬피 눈물을 흘렸다.

적룡	[삼한습유], [한국 구비문학대계], [부여군지], [부여의 구비설화], [부여의 전설집 - 백제의 고향]	조혜란역, [삼한습유], 고려대학교 민족문화연구원 / [한국구비문학대계] 4-5, 55 / [부여군지]부여군지편찬위원회 / 김균태, [부여의 구비설화], 보경문화사 / 김석기, [부여의 전설집 - 백제의 고향], 화산출판사	다음날 소정방 장군이 김유신 장군과 함께 멀리서 강을 바라보니 강 가운데 구불구불한 것이 있는데 길이는 만 장쯤 되고, 자유롭게 헤엄치며 반쯤 잠겼다가 반쯤 떠오르곤 했다. 그러다가 강독에 있는 병사들의 소리를 듣자 공중에 솟구쳐 당나라 군사들을 내려다보았다. 사람들이 모두 두려워서 물러나며 그것을 보니 바로 적룡이었다.
전당강 용왕	[소현성록]	최수현 역, [소현성록], 소명출판	전당강의 황제는 매우 화가 나서 신기한 위엄을 발하니 몸이 만여 장이나 되는 붉은 용이 되어서 바람과 구름, 천둥과 번개를 몰아 바로 물결사이로 솟아올랐다. 큰 바람이 일어나 일만 결이나 되는 큰 물결이 뛰놀며 흉흉하니 수천 척의 전투함이 위태하게 되었다. 용은 배위의 사람들을 다 잡아먹으면서 배를 엎으려 하니 배 안의 모든 사람들이 매우 놀라 정신이 없었고 모든 장수들이 겁에 질리는 등 위급한 상황에 처했으나 승상인 소현성은 홀로 동요하지 않았다.
피비	[한국구비문학대계]	[한국구비문학대계] 4-2, 552-554 / 9-1, 39-42 / 9-1, 191-193 / 9-1, 206-208 / 9-2, 719-721 / 9-3, 100-110 / 9-3, 703-705 / 9-3, 734-742	그 커다란 뱀은 사람을 잡아먹는 뱀으로 사람을 잡아먹지 못하게 하면 민가로 내려와 농사한 작물을 망쳐 놓거나 바다에 들어가 어선을 전복시키고 물길을 어지럽혀 풍랑을 일으키는 등 재앙을 일으킨다.
해미	[해동역사교빙지(交聘志)]	한치윤, [해동역사 교빙지(交聘志)]	모래밭을 바라다보니 붉은 치마를 입고 양쪽 어깨를 드러낸 채 머리는 산발을 한 어떤 여인이 있었는데, 팔꿈치 뒤에는 희미하게 붉은 지느러미가 나 있었다.
허미르	[기장군지]	[기장군지], 기장군지편찬위원회	황룡이 여의주를 얻어 승천하던 날 매구가 강가에서 빨래를 하다가 그것을 보고 황룡에게 "노란 구렁이가 지랄을 한다."며 조롱을 퍼부었다.
현룡	[삼국사기], [영이록]	김부식, [삼국사기]	봄에 가뭄이 들고 큰 별이 서쪽으로 흘렀다. 여름 4월에 왕도의 우물 물이 넘치더니, 검은 용이 그 안에서 나타났다.
호국대룡	[삼국유사]	일연, [삼국유사], 진한엠앤비	왕은 생시에 지의법사에 대해 곧잘 말했다. "나는 죽은 뒤에 호국대룡이 된다. 그래서 불법을 받들고 국가를 수호하련다."
흑룡	[살아있는 한국 신화]	신동흔, [살아있는 한국 신화], 한겨레출판	어느 날 백두산에 무시무시한 흑룡이 솟아나 백두산 일대의 물줄기를 모조리 말려버려 어떤 생명도 살아남을 수 없는 땅으로 만들어 버렸다.

해미

영귀

싱싱

신지께

수괴

용어

물괴왕

안보용

김용순

남대상

농당

오현

백능파

허미르

현룡

교인

신의

수리

룡룡

쏘

어해등

물귀신 대장

경삼

사미르왕

용마

영노

선묘

예어

낭탁

외눈괴

신기루 조개

안개운

무두룡

역어

장수국 새우왕

업룡

호국대룡

가해신

용·수중 요괴 도감 (묘신계록 제5권)
Encyclopedia of MeoShinKe Monsters Book 5
ⓒ 2023 HWA HWA CO., LTD. All rights reserved.

초판 1쇄 발행 2023년 4월 10일

디자인 및 제작   화화 스튜디오
발행처   화화 스튜디오
주 소   부산시 해운대구 센텀중앙로 48 에이스하이테크21
전 화   051-746-2456
팩 스   051-746-2455
홈페이지   http://hwahwa.com
블로그   https://blog.naver.com/hwahwa_studio
인스타그램   https://www.instagram.com/meoshinke/
네이버스토어   https://smartstore.naver.com/hwahwa

ISBN   979-11-981515-2-0 [04910]
       979-11-967556-7-6 (세트)